AF151466

V&R

EDITION **Leid**faden

Hrsg. von Monika Müller, Petra Rechenberg-Winter, Katharina Kautzsch, Michael Clausing

Die Buchreihe *Edition Leidfaden – Begleiten bei Krisen, Leid, Trauer* ist Teil des Programmschwerpunkts »Trauerbegleitung« bei Vandenhoeck & Ruprecht, in dessen Zentrum seit 2012 die Zeitschrift »Leidfaden – Fachmagazin für Krisen, Leid, Trauer« steht. Die Edition bietet Grundlagen zu wichtigen Einzelthemen und Fragestellungen für Tätige in der Begleitung, Beratung und Therapie von Menschen in Krise, Leid und Trauer.

Petra Rechenberg-Winter

Menschen in existenziellen Krisen begleiten

Selbstbegegnung, Orientierung und Haltung

Vandenhoeck & Ruprecht

Mit 2 Abbildungen

Bibliografische Information der Deutschen Nationalbibliothek:
Die Deutsche Nationalbibliothek verzeichnet diese Publikation in der
Deutschen Nationalbibliografie; detaillierte bibliografische Daten sind
im Internet über https://dnb.de abrufbar.

Umschlagabbildung: hydra/photocase.de

Satz: SchwabScantechnik, Göttingen
Druck und Bindung: ⊕ Hubert & Co. BuchPartner, Göttingen
Printed in the EU

Vandenhoeck & Ruprecht Verlage | www.vandenhoeck-ruprecht-verlage.com

ISBN 978-3-525-40801-8

Inhalt

Einführung

»So könnte es sein, das Leben,
und ich probiere es jetzt schon mal aus.«
(Hirsch, 2013, S. 69)

Menschen, die mit Menschen in krisenhaften Lebenssituationen arbeiten, sie begleiten, beraten, behandeln, erleben dabei alltäglich, wie fragil ein Leben sein kann, das bisher doch so robust und tatkräftig verlief, das stabil und verlässlich erschien. Plötzlich ändert sich etwas, und dieses Etwas ist nun imstande, den gesamten Lebensentwurf zu wenden. Nichts ist mehr wie vorher und wird es auch nie mehr sein. Nie mehr – Perspektive der Endlichkeit, Perspektive der Fragezeichen, Perspektive der Perspektivlosigkeit. Vertraute Lebensmuster tragen nicht mehr weiter, die persönliche Welt ist zertrümmert und mit ihr alle Pläne zerstört.

Wenn sich Menschen dann anderen anvertrauen, deren Hilfe erbitten und deren Unterstützung in ihrem Ringen um neue Orientierungspunkte und eine mögliche neue Lebensausrichtung, dann stehen elementare Fragen im Raum, was denn das jeweilige Leben trägt, was tragfähigen Sinn verleiht und tragende Kräfte entfalten kann. Fragen nach dem eigentlich Bedeutsamen, dem Wesentlichen, dem, aus dem heraus sich die persönliche Existenz neu gestalten lässt.

Und diese elementare Suche nach dem Wesentlichen, das dem Wesen des jeweiligen Menschen entspricht und seinen Potenzialen, erfordert von Begleitenden neben aller professioneller Kompetenzen deren persönliche Auseinandersetzung mit Sinnfragen im weitesten Sinn. Weiterbildungen und entsprechende Qualifizierungen berücksichtigen dies mit Selbsterfahrungseinheiten, Supervision, ethischen Überlegungen und Haltungsfragen. Die jeweiligen Berufsverbände fordern kontinuierlich thematische Fortbildungen und fachlich-persönliche Reflexion berührender Arbeitssituationen.

Denn in dieser beständigen Auseinandersetzung der Begleitenden, inmitten komplexer Entwicklungsprozesse der von ihnen Begleiteten, erweist sich, dass dieses Tun des Einen das Tun des Anderen ist (Stierlin, 1976), dass jedes existenzielle Ringen der Begleiteten wechselwirksam mit Überlegungen zur Lebensausrichtung der Begleitenden verbunden ist. Daraus erwachsen Chancen, eigene tiefgreifende Lebensfragen zu betrachten, die es in anderen Berufen und Tätigkeitsfeldern so nicht gibt. Genau hier liegt für viele in begleitenden, beratenden und therapeutischen Kontexten Tätige eine zentrale Motivation, nämlich dem Sinn des Lebens auf die Spur zu kommen und immer wieder neu Aspekte eines guten, gelingenden Lebens zu entdecken – individuell Bedeutsames aufzudecken, Wesentliches zu erfassen und ein gutes Leben zu führen.

Mit dem guten Leben beschäftigt sich die Philosophie seit der Antike und heute u. a. Sozialethik, Glücksforschung und psychotherapeutische Konzepte. Aristoteles nannte es *Eudaimonia:* Das gute Leben ist das letzte Ziel menschlicher Handlungen. Das gute Leben ist das, was nicht als Mittel zu etwas anderem, sondern als Zweck in sich selbst angestrebt wird. Deshalb ist das gute Leben das Einzige, worüber hinaus nichts anderes gewünscht werden kann.

Diese antike Philosophie (griech.: Liebe zur Weisheit) war keine akademische Disziplin, sondern Lebensform und Lebenshaltung, in der philosophisch leben bedeutete, alles am Wesentlichen zu messen, um Leben nachhaltig und sinnvoll so zu gestalten, dass wir jeden Tag neu lieben und genießen können (Kitzler, 2017).

Ein hoher Anspruch, dieses, mein kostbares Leben wesentlich zu gestalten und als ein gutes Leben verantwortungsvoll zu führen? Doch spricht denn etwas dagegen, nach diesem Stern zu greifen und ihn als Leitstern zu begreifen? Auf diesen Kurs meinen Lebenskompass auszurichten, mich an diesem Stern zu orientieren, wissend, dass ich ihn womöglich zwar nie ganz zu fassen bekomme, mir doch von ihm immer wieder leuchten lassen kann, mitten hinein in meine »kritische Wachheit« und mein »wachsendes Bewusstwerden« (Dürckheim, 2004, S. 75).

Das Gute, das mir Wesentliche, immer wieder zum Leben zu bringen und mein Leben danach auszugestalten, regt zu philosophischen Fragen an, zu ganz philosophisch-praktischen, wie: »Was ist in der jeweiligen Lebenssituation für mich sinnstiftend?« »Was ist mir unverzichtbar und bedeutsam?« Alte Fragen nach dem *guten Leben,* die sich jedem Menschen stellen, der sich für sein eigenes Leben zuständig und verantwortlich weiß – es sind zentrale Fragen nach Lebenskunst und Lebenskönnerschaft.

Seit der Antike beschäftigt das Philosoph*innen, die dazu entsprechend ihrem historischen und persönlichen Kontext ganz unterschiedliche Überlegungen führten und führen. Sie, die uns einen weiten Erfahrungsvorsprung voraus sind, können wir befragen, wie sie sich zu Lebensaspekten stellten, wie sie sich mit zentralen Lebensherausforderungen auseinandersetzten, wie sie diese durchdenkend zu ihrem Standpunkt ausbildeten.

Was bedeutete für sie *gutes Leben?* Woran erkannten sie es? Wie ließ es sich umsetzen? Wie reagierte ihre Umgebung? Mit wem legten sie sich an? Wem boten sie die Stirn? Wo menschelten sie und wo knickten sie ein? Wo fanden sie das für sie Wesentliche, das Richtige, das ihnen sinnvolle Richtungen wies? Gab es für sie das Richtige im Falschen, und was war für sie richtig falsch? Inwieweit gelang ihnen Selbstkultivierung angesichts der unzähligen Unverfügbarkeiten, die ihr Leben ihnen zumutete?

Schauen wir uns also bei diesen Denker*innen ein wenig um. Dabei wähle ich als Autorin den Zugang über die Philosophische

Praxis, die Hilfe und Rat suchenden Menschen philosophische Gespräche anbietet, also Begegnungen, in denen die Philosophische Praktiker*in mit ihrem Gast dessen Anliegen durchdenkt, hinterfragt, dekonstruiert, auf neue Weise durchleuchtet, sortiert, bedenkt, irritiert, provoziert und erkennt. In ihrem ergründenden Gespräch erfahren beide etwas vom Leben – voneinander und miteinander. Diese alltagspraktische Form der Philosophie denkt nicht im Elfenbeinturm vor, sondern sie denkt mit anhand von Leitfragen wie: Was weiß ich? Was tue ich? Was hoffe ich? Wer bin ich? (Achenbach, 1984, S. 20). Damit kommt die Philosophie heute wieder auf den (antiken) Marktplatz zurück, mischt sich unters Volk, um zu hören, zu verstehen, zu erkennen und um zu trösten, zu bilden, zu versöhnen (Lindseth, 2014, S. 129). Auf die Fahne hat sie sich geschrieben: Klärung und Orientierung mittels eigenständigen, kritischen Denkens, in einem beidseitigen Vor- und Nachgehen und grundlegender Gegenseitigkeit (Staude, 2010, S. 12).

Hier erkennen wir eine große Schnittmenge zur professionellen Begleitung, sei es in Form von psychosozialer Beratung, Lebensbegleitung, Coaching, Supervision, Organisationsberatung, Psychotherapie oder Trauerbegleitung. Unabhängig vom jeweiligen Format suchen Menschen in Krisensituationen Ansprechpartner*innen, mit denen sie ihre existenziellen Veränderungen, Chaoserfahrungen oder ihr Leiderleben so bearbeiten können, dass sich etwas klärt und verstehbar wird, sodass sie sich im grundsätzlich veränderten Leben neu auszurichten vermögen.

Begleitung heißt für uns, den Menschen, die sich uns anvertrauen, einen geschützten Resonanzraum zur Verfügung zu stellen, einen Zeitraum, in dem sie zu ihrer Selbstwirksamkeit zurückfinden, tragende Lebensperspektiven entwickeln, drängenden Sinnfragen nachspüren, verwickelte Beziehungen klären können. Diverse psychotherapeutische Verfahren ebenso wie kunstanaloge Zugänge und philosophisch-praktische Ansätze

ergänzen sich zu einem reichen, bunten Strauß heilender, stär-
kender, entwicklungsfördernder Unterstützungsangebote, aus
denen Begleitung Suchende das für sie Passende wählen können.

Unsere persönliche Erwartung an philosophisch-praktisch-
reflexive Betrachtung unserer Erfahrungen als Professionelle
und vor allem als Menschen könnte etwa der Wunsch sein,
Leben als Begegnung zu spüren: dialogisch aneinander zu wachsen, mit philosophischer Betrachtung systemische Grundgedan-
ken von Selbstsein und Gebundenheit zu reflektieren, Verstehen
als großes Missverständnis (Erich Fromm) zu erkennen, Logik
der Worte, Sätze, Argumente im (neosokratischen) Gespräch an
einer bedeutsamen Frage zu erdenken, sich mit Zauber und Ent-
zauberung des Wortgebrauchs auseinanderzusetzen (Wittgenstein), Wahrheitsexperten zu entlarven und dem eigenen Hand-
lungsgewissen verpflichtet darüber miteinander nachzudenken,
wie sich jede*r von uns im Umgang mit sich selbst, mit Mitmenschen und der Umwelt bemüht, sich selbst nicht zu verfehlen
(Karl Jaspers).

Sich Wesentlichem stellen, ist ein persönliches (Sich-)Infrage-
Stellen. Das fordert ein gewisses Maß an Identität, die dabei auf
den Prüfstand gestellt und gleichzeitig (neu) ausgebildet wird.
Es ist die Chance, sich individuelle Weltbeschreibungen vorzulegen und zu überprüfen, wie ich die Welt erlebe und sehe,
welche Geschichten ich mir davon und von mir mittendrin
erzähle. Und auf jede dieser Fragen, wie dies denn nun ist, folgt
die nächste und auch dabei wieder, wie ich mich dazu verhalte,
welche Handlungsmaßstäbe mich leiten, welche Entscheidungen
ich treffe. Diese Fragen lassen sich nicht ein für alle Mal beantworten, sondern ihre Antworten sind sozusagen eingeklammert
in weitere, neue Fragen.

Wesentlich leben fordert und fördert persönliche Verortung,
Orientierung und eine Metaorientierung, die wiederum meine
Orientierungsprozesse reflektiert.

Berufliche Erfahrungen als Begleiterin und meine persönlichen als individueller Mensch führten zur Konzeption dieses Buchs, in dem existenzielle Erfahrungen im Mittelpunkt stehen. Die *Edition Leidfaden* befasst sich überwiegend mit dem Erleben trauernder Menschen. In diesem Buch stehen Perspektiven der sie begleitenden professionell Tätigen im Fokus, mit denen sie sich achtsam, aufmerksam, aufrichtig und verantwortungsvoll ihren eigenen Entwicklungsprozessen stellen.

Nun ist dies ein endlos weites thematisches Feld, in dem wir uns schnell hoffnungslos verlaufen, würden wir nicht einige begleitrelevante und lebensbedeutsame Aspekte auswählen. Themen, die mir aktuell wichtig erscheinen und die mich persönlich besonders interessieren, um sie jeweils philosophisch zu beleuchten. Hier werden sie mit einigen Praxisbeispielen verbunden, mit Reflexionsanregungen und daraus abgeleiteten (Selbst-)Coachingfragen. Geleitet vom Verständnis der dynamischen Zusammenhänge des fürsorglichen Blicks auf und Engagements für andere und einer guten, liebevollen Sorge für sich selbst. Der andere Mensch, mit dem ich in Beziehung trete, den ich in den Blick nehme, ist Teil meiner Orientierung, und ich gehe mir selbst im Anderen bereits voraus. Zwischenmenschliche Begegnung ist immer Selbstbegegnung.

In diesem Buch betrachte ich Wesentliches aus dem Leben von Begleiter*innen und nehme dabei die systemische Sichtweise ein, die ich mit Betrachtungen aus der Philosophischen Praxis verbinde. Systemisches Grundverständnis, das den einzelnen Menschen sowohl im Kontext seiner relevanten Bezugssysteme als auch in deren wechselwirksamer Gegenseitigkeit versteht, unterstützt Menschen im Erkennen individuell überzeugender und tragfähiger Wirklichkeiten und erkennt Vielschichtigkeiten und Vielsichtigkeiten an. Dabei geht es davon aus, dass Menschen nicht die einzig wahre, objektive Wahrheit erkennen können, so es diese überhaupt gibt, es jedoch äußerst gewinnbringend ist, sich mit den verschiedensten Weltsichten und unterschiedlichsten Welterfahrungen zu befassen, die uns, jede auf einzigartige Weise, einen Teil Wahrheitsmöglichkeit zeigen: »Wahrheit ist die Erfindung eines Lügners«, sagen Heinz von Foerster und Bernhard Pörksen (2019).

Philosophische Praxis ist keine Psychotherapie, doch entfaltet sie reflexiv betrachtend, meditativ-transformativ therapeutische Wirkung. Beide verbindet der Anspruch an sich selbst, die eigene Person resonant zum Einsatz zu bringen, und die Zielsetzung, dem Gegenüber hilfreich zu sein in der Erweiterung des (Selbst-)Verständnisses, der Entdeckung persönlicher Sinnzusammenhänge und der Integration von Verhaltensänderung. Beide verstehen Menschsein als Verantwortlichsein, innerweltliches Erleben zu gestalten und zu überprüfen im autonomen Denken und erfahrener Selbstwirksamkeit, reichhaltige Emotionalität zu steuern und Elternschaft für sich selbst zu übernehmen: »Die Seele ist Werden, Entfaltung, Differenzierung, nichts Endgültiges und Vollendetes« (Jaspers, 1946, S. 9).

»Philosophie ist nicht nur eine bestimmte Art, die Welt zu sehen, sondern eine Art, zu leben« (Hadot, 2011, S. 9). Sie ist philosophisches Grundverständnis und mit der Forderung verbunden, »es aushalten zu können, dass nirgends der feste Boden ist, aber gerade dadurch der Grund der Dinge spricht« (Jaspers, 2000).

»Psychologie und Philosophie gehen Hand in Hand. Sie sind verbunden im Ziel einer Minimierung oder gar Überwindung des Leidens« (Mall u. Peikert, 2017, S. 53). Beide betonen die Eigenverantwortlichkeit für das Bedürfnis, »dem Leben Sinn zu verleihen« (Yalom, 2010a, S. 558). Es geht um die eigene Ausgestaltung eines existenziell erfüllten Lebens, das sich selbst aufgegeben ist und sich der Mitwelt verpflichtet. Die Frage, wer ich bin, stellt sich jederzeit, unabhängig davon, ob nun aktuell in einer begleiteten oder begleitenden Rolle.

Die Entwicklung der Einen (begleitete Menschen) bedingt wechselseitig die der Anderen, die der relevanten Bezugsmenschen und der Begleitenden, für die jede Begleitung eine Begegnung mit einer anderen, einzigartigen Biografie und individuellen Bearbeitungsmustern ist und damit voller Chancenreichtum für eigene Entwicklung.

Es gibt keine professionelle Routine, und auch wenn die Überschriften der Anliegen sich gleichen mögen, es sind nie dieselben. Jeder Begleitprozess ist ein Unikum für alle Beteiligten und eröffnet damit Entwicklungschancen für alle. Viele Professionelle sehen darin ein großes Privileg, sich vielfältigen Lebensaspekten öffnen zu dürfen, die außerhalb ihres eigenen Erfahrungsspektrums liegen. Davon etwas im bejahenden »Zwischen« unterschiedlicher Lebenswelten kennenzulernen und sich mit dem auseinandersetzen zu dürfen, was Begleitete ihnen anvertrauen, lässt sich als Geschenk verstehen. Ein Geschenk voller kostbarer Einblicke in mir fremdes Lebenszugehöriges, das eigene Lebenserfahrungen aus anderer Perspektive beleuchtet, bisher wenig beachtete Lebenswirklichkeiten zeigt, mit Abgewehrtem konfrontiert, Auseinandersetzungsprozesse aktiviert, Konfliktkompetenz schult und Kommunikation auch ohne Konsens wertschätzt. Entdeckung des Eigenen im Fremden und des Fremden im Eigenen, Begegnung mit dem Anderen, dem Unvertrauten, dem Befremdlichen, Verstörenden, Ängstigenden.

Dieses Buch zielt darauf ab, persönliche Kräfte und Ressourcen deutlicher zu erkennen, eigene Möglichkeitsräume beherzt zu gestalten, über ein sensibles Zeitverständnis nachzudenken und mehr die Kostbarkeit der Gegenwart zu spüren. Es möchte anregen, Sehnsüchte und Impulse mutiger aufzugreifen und weniger persönlich Bedeutsames aufzuschieben.

Wie schon gesagt: Nicht zuletzt beinhaltet die Begleitung von Menschen in und durch existenzielle Krisen intensive Begegnungen mit Unwiederbringlichem, das Vergegenwärtigen von

Vergänglichkeit und Neubeginn, von Lebensgesetzmäßigkeiten und individuellen Gestaltungsräumen. Dies erfordert große Achtsamkeit sich selbst gegenüber und den Lebensfragen, die sich persönlich daraus ableiten. Self-Care, selbstbestimmt leben bedeutet ein bewusstes Fortschreiten, das unser Menschsein wachsen lässt, angeregt im dialektischen Verständnis von Selbst- und Fremdverstehen. Es verlangt demütige Relativierung des eigenen Weltverständnisses im ernsten Versuch, Anschauungen und Erkenntnisse nachzuvollziehen, die sich außerhalb des eigenen Denkhorizonts situieren. Das umfasst das Suchen nach Gemeinsamkeit im Anderen und führt eventuell zu einer neuen Bewertung von Vielfalt, erkennend, dass unsere Gleichheit in der Diversität besteht.

Es ist tätiges Philosophieren, aufkommende Fragen und verwirrende Widersprüche aufzunehmen und anzuerkennen, dass Lebensfragen nicht per se allgemeingültig unabschließbar und nur individuell im jeweiligen Kontext zu lösen sind.

Für mich als Begleiterin ergibt sich daraus die Selbstverpflichtung: denkend zu handeln und handelnd zu denken und beides als untrennbar zu begreifen, will ich mannigfaltige konkrete und oft leidvolle Erfahrungen des Lebens durchdenken als Mittel zum Zweck besseren Lebens. In konkreten Fällen ist vom Denken dann stets ein zu verantwortendes Handeln gefordert.

Dieses Buch verbindet in jedem Kapitel theoretische Überlegungen mit thematisch zugeordneten Reflexionsfragen und Impulsen zu vertieften Betrachtungen und im Teil III zur ausführlicheren Bearbeitung mit poesietherapeutischen Übungen. All dies spricht in erster Linie Sie als Begleitende an und ist natürlich ebenso dafür geeignet, es in Ihrer Praxis einzusetzen.

Als ich mich selbst zu lieben begann
Als ich mich selbst zu lieben begann,
habe ich verstanden, dass ich immer und bei jeder Gelegenheit zur richtigen Zeit am richtigen Ort bin
und dass alles, was geschieht, richtig ist,
von da an konnte ich ruhig sein.
Heute weiß ich: Das nennt man VERTRAUEN.

Als ich mich selbst zu lieben begann,
konnte ich erkennen, dass emotionaler Schmerz und Leid
nur Warnungen für mich sind, gegen meine eigene Wahrheit
zu leben. Heute weiß ich: Das nennt man AUTHENTISCH SEIN.

Als ich mich selbst zu lieben begann,
habe ich aufgehört, mich nach einem anderen Leben zu sehnen,
und konnte sehen, dass alles um mich herum eine Aufforderung zum Wachsen war. Heute weiß ich, das nennt man REIFE.

Als ich mich selbst zu lieben begann,
habe ich aufgehört, mich meiner freien Zeit zu berauben,
und ich habe aufgehört, weiter grandiose Projekte für die
Zukunft zu entwerfen. Heute mache ich nur das, was mir Spaß
und Freude macht,
was ich liebe und was mein Herz zum Lachen bringt,
auf meine eigene Art und Weise und in meinem Tempo.
Heute weiß ich, das nennt man EHRLICHKEIT.

Als ich mich selbst zu lieben begann,
habe ich mich von allem befreit, was nicht gesund für mich war,
von Speisen, Menschen, Dingen, Situationen
und von allem, das mich immer wieder hinunterzog, weg von
mir selbst. Anfangs nannte ich das gesunden Egoismus,
aber heute weiß ich, das ist SELBSTLIEBE.

Als ich mich selbst zu lieben begann,
habe ich aufgehört, immer recht haben zu wollen, so habe ich
mich weniger geirrt.
Heute habe ich erkannt: Das nennt man DEMUT.

Als ich mich selbst zu lieben begann,
habe ich mich geweigert, weiter in der Vergangenheit zu leben
und mich um meine Zukunft zu sorgen.
Jetzt lebe ich nur noch in diesem Augenblick, wo ALLES statt-
findet, so lebe ich heute jeden Tag und nenne es BEWUSST-
HEIT.

Als ich mich zu lieben begann,
da erkannte ich, dass mich mein Denken
armselig und krank machen kann.
Als ich jedoch meine Herzenskräfte anforderte,
bekam der Verstand einen wichtigen Partner.
Diese Verbindung nenne ich heute HERZENSWEISHEIT.

Wir brauchen uns nicht weiter vor Auseinandersetzungen, Konflikten und Problemen mit uns selbst und anderen zu fürchten,
denn sogar Sterne knallen manchmal aufeinander
und es entstehen neue Welten.
Heute weiß ich: DAS IST DAS LEBEN!

*Diese Charlie Chaplin anlässlich seines 70. Geburtstags zugeschriebenen Verse
hat in Wirklichkeit Kim McMillen verfasst (1996/2001).*

*»Persönlichkeit […] ist das einfache,
beinahe automatische
Ergebnis von Nachdenklichkeit.«*

(Hannah Arendt, zit. nach Andrick, 2020, S. 22)

I Begegnung: Grundgedanken zu Begleitung und Selbstbegegnung

Es war deutlich zu spüren: Der für viele Menschen angeordnete Rückzug bei den Coronamaßnahmen isolierte. Während der Lockdownzeiten war Begegnung nur vereinzelt oder nur draußen möglich. Mag es manchen anfänglich ganz recht gewesen sein, endlich mal Abstand nehmen zu können, so hat sich dies bald verändert. Je länger Rückzug, Homeoffice, Homeschooling anhielten, wurden Partnerschaft und Familienleben für viele auf eine harte Probe gestellt, und manche Alleinlebenden fühlten sich zunehmend unwohl, energielos, vom Leben abgeschnitten. Menschen erlebten, dass Videokonferenzen und ausführliche Telefonate nicht die menschliche Begegnung ersetzen, und sammelten völlig neue Erfahrungen, was der Mangel an regelmäßigen Kontakten ihnen abverlangt. Es war eine Art großes sozialpsychologisches Experiment, dessen Folgen wir noch nicht übersehen und die uns gesellschaftlich noch lange beschäftigen werden.

Eines wurde auf neue Weise spürbar: Menschen brauchen reale Begegnung. Wir, die wir Menschen professionell begleiten, wissen um die Bedeutung dieses besonderen Resonanzraums im Miteinander und spüren dies natürlich privat gleichermaßen. Tätige in begleitenden, beratenden, therapeutischen, supervisorischen, mediativen Arbeitsfeldern sind Expert*innen für Kommunikation, konstruktive Kontaktgestaltung und deren Reflexionsprozesse.

Exemplarisch lade ich in diesem Buch dazu ein, drei ausgewählte Aspekte philosophisch-psychologisch zu betrachten, die ich für zentral halte, besonders wenn ich Menschen in ihrer Bearbeitung existenzieller Verluste begleite: Orientierung, Haltung, Zuhören.

Orientierung verstehe ich als eine Art persönlichen Kompass, der mir verlässlich und stabil die Richtung weist und Sicherheit gibt. Angesichts veränderter, verstörender Einflüsse ist er in der Lage, sich neu zu justieren und damit Kurskorrekturen vorzunehmen. Ein Kompass, der, wenn bisheriges Wissen nicht mehr trägt, mir ermöglicht, durch neue Orientierungsprozesse hindurch auf einem neu angemessenen Kurs zu navigieren, mich so zu neuer Erkenntnis zu manövrieren und dabei mit dem mir Wesentlichen verbunden zu bleiben, meiner inneren Haltung gemäß.

Haltung ist ein viel zitierter Begriff und in der psychosozialen, therapeutischen Arbeit oft angemahnt als eine zentrale Schlüsseldimension (Schwer u. Salzbacher, 2014, S. 7). Es lohnt sich, hier genauer hinzuschauen. Mittelhochdeutsch »haltunge« bedeutet Verwahrung, Gewahrsam, Inhalt, Verhalten, Benehmen (Duden, Herkunftswörterbuch, 2006, S. 313), das heißt: des anderen respektvoll gewahr zu werden und mich so zu verhalten, dass wir die Situation gemeinsam erforschen können und dabei gegenseitig von- und miteinander lernen. Dies achtungsvolle Benehmen vermag heilsam zu wirken. Es ermöglicht uns, miteinander neue Lebensbereiche zu erschließen, über uns selbst hinauszuwachsen und so beständig immer mehr zu dem zu werden, der wir sein können. Dafür biete ich meinem Gegenüber achtungsvoll meine Präsenz, stelle mein Know-how und meine Inspiration zur Verfügung. Ich unterstütze begleitend Wachstumsprozesse, für persönliche Fragen eine eigene Antwort zu finden und mutig individuelle Entwicklungswege zu wagen. Nur mit aufrichtigem Zuhören ist mir dies möglich.

Zuhören ist eine Kunst, und vermutlich werde ich lebenslang daran zu üben haben. Ich höre gut, daran liegt es nicht, doch ich höre viel, automatisch schalten sich Filter ein, die nur einen verschwindenden Bruchteil des Gehörten als Tageserinnerungen speichern. Wie viel Gehörtes ist Durchlaufposten? Und was ist erforderlich, mich auf das, was ich höre, so einzustellen, dass ich es annehme, aufnehme und in mir bewege, mich davon bewegen lasse und als ganze Person darauf reagiere? Das wäre dann nicht nur Hören, sondern Zuhören. Eine Fähigkeit aufrichtig geteilten Miteinanders.

Denken wir also miteinander diese Themen durch, erarbeiten wir Aspekte von deren Psychodynamik und philosophieren wir über einzelne Gedanken. Leisten wir uns diese Auszeit.

Die meiste Zeit denken wir nämlich nicht tiefergehend nach, leben in Gewohnheiten, Routinen, spulen erlernte und bekannte Muster ab. Im Alltag ist dies äußerst hilfreich, denn wir sind auf dessen sichernde Abläufe angewiesen, können uns nicht ständig hinterfragen, wollen wir so stabil als möglich durch die täglichen Untiefen navigieren. Eingespielte Denkgewohnheiten bieten einen Orientierungsrahmen und sind gleichzeitig Gitter, die uns daran hindern, Dinge anders zu betrachten oder etwas anders zu tun.

Hier kommt die Philosophie ins Spiel, denn wer philosophiert, will persönliche Denkgewohnheiten überprüfen und darüber nachdenken, ob es (noch) gute Gründe für eingeschliffene Handlungsabläufe gibt und ob eingeschlagene Wege noch die aktuell passenden sind: in Freiheit gegen die Macht der Gewohnheit und im skeptischen Blick auf all die drängenden Anforderungen. So betrachtet, ist Philosophie kein Expertenwissen, sondern eine geistige Tätigkeit all der Menschen, die ihr Leben selbstverantwortlich führen, Fragen ans Selbstverständliche oder an Allgemeingültigkeiten und Zeitgeist stellen. Menschen, die sich zum Beispiel auch fragen, wie ihre Arbeitswelt strukturiert ist und diese sie selbst strukturiert. »Philosophie ist die Selbstbehauptung des Geistes gegen die Gewohnheit, die uns im Griff hat« (Andrick, 2020, S. 21), um sich bewusst dafür zu engagieren, der Mensch zu werden, der wir für uns selbst und andere sein möchten.

Orientierung – Gewissheit ist Ungewissheit

> *»Der Mensch als das selbstreflexive, koreflexive*
> *(compassion und interpassion) und metareflexive (sich*
> *selbst übersteigende) Subjekt, das er ist, ist auch ein*
> *kreatives Subjekt, das sich selbst, seine Persönlichkeit,*
> *sein Selbst und die Welt im Zusammenhang seiner*
> *Lebensvollzüge zu verstehen und zu erschaffen sucht.*
> *Diese Motivation zu Kontrolle, Orientierung und*
> *Gestaltung für sich, mit Anderen und für Andere, gewinnt*
> *im Denken und Tun fortwährend Konkretion.«*
> *(Mall u. Peikert, 2017, S. 66)*

Menschen, die Beratung, Begleitung, Coaching oder Psychotherapie aufsuchen, befinden sich an einem biografischen Wendepunkt, der sich zu einer umfassenden Wendezeit ausgestaltet. Eine einschneidende Veränderung steht an, wirft möglicherweise beunruhigende Schatten voraus, oder Schicksalhaftes brach veränderungsfordernd in ihr Leben ein.

Es gibt reguläre Wendepunkte, wie Geburt, Einschulung, Partnerschaft, Berufsbeginn, Krankheit, Ende der Berufstätigkeit, Tod, die generell zu jedem Leben gehören. Schicksalhafte Wendepunkte dagegen, wie Arbeitslosigkeit, Unfall, Behinderung, Verlust von Heimat, sind individuell und zu unterscheiden von selbst gewählten Wendepunkten, beispielsweise Coming-out, Scheidung, berufliche Neuorientierung, die bewusst herbeigeführt sind. Sie alle charakterisiert, dass Altvertrautes, Bisheriges nicht mehr trägt bzw. nicht mehr zur Verfügung steht und Neues unbekannt, unvorstellbar, unfassbar als offener Raum wartet. Hier befinden sich Menschen in einer existenziellen Umbruchphase ihres Lebens, die tiefe Trauerprozesse hervorrufen kann. Diese Trauerprozesse gehen vielfach mit Unsicherheit und Orientierungslosigkeit einher. Wie weiterleben?

Manche von derart zentralen Lebensfragen erfassten Menschen suchen eine professionelle Begleitung, wenn sie erkennen, dass sich Not-wendende Unterstützung nicht in ihrem persönlichen Umfeld finden lässt, dass die mit ihnen verbundenen Menschen selbst derart von der Situation gefordert sind, dass sie gar nicht in der Lage sind, den anderen souverän zu helfen. Dann suchen sie ein außenstehendes, erfahrenes Gegenüber, das sie darin unterstützt, sich neu zu orientieren, neu auszurichten und sich schließlich aus ihrer aktuell gebeugten Trauerhaltung aufzurichten und in neue Lebensräume hineinzuwachsen.

Mit ihrem Anliegen begegnen und berühren sie diejenigen, die sie ansprechen und um Hilfe bitten. Natürlicherweise sind professionelle Begleiter*innen ebenso in die rhythmischen Lebensgesetzmäßigkeiten von Abschied – Trauer – Neubeginn eingebunden. Auch sie leben in dem Resonanzraum, den sie im Begleitprozess zur Verfügung stellen. Sie sind selbst verletzlich. So setzen sie sich selbst verantwortlich mit ihren eigenen existenziellen Themen auseinander, verorten sich bei Sinnfragen und überprüfen ihre persönlichen Orientierungen. Auch wenn sie als Begleitende aktuell nicht in einer Lebenskrise stecken, sind sie als Menschen berührbar für diese Lebensthemen. So ist jeder Begleitprozess für alle Beteiligten wechselseitig und gegenseitig wirksam, lediglich die Rollen sind unterschiedlich verteilt.

Menschen, die in der Krise erleben, wie sich ihre vertraute Welt (oft genug plötzlich) verändert, befinden sich im Fremdland. In diesem Fremdland brauchen sie Orientierung und Begleitung. Ähnlich einer Wanderführer*in stellt sich die Begleitende als eine Weggefährt*in auf Zeit zur Verfügung. Ausgerüstet mit verlässlichem Kartenmaterial, guter Wetterkenntnis, bewährtem geografischem Wissen und trainierter Kondition ist sie in der Lage, Fremde, denen diese Krisenregion noch unbekannt ist, auf deren Expedition durch einen dunklen Kontinent kompetent und verlässlich zu begleiten.

Die Begleitende hat ihr Handwerk gelernt und sammelt mit jeder Wegführung neue Kenntnisse. Sie lernt sich jedes Mal etwas mehr kennen und setzt sich mit diesen persönlichen Erfahrungen auseinander. Jede Begleitung birgt Erkenntnisgewinn. Doch der ist nicht immer auf den ersten Blick zu ersehen, mitunter erscheint der Begleitprozess als Zumutung, ruft Ärger, Ablehnung oder Widerspruch hervor, konfrontiert mit Desorientierung und dem Impuls, aufzugeben. Und so manche fragt sich, womit sie hier ihr Geld verdient und wie lange das so bleiben soll. Das sind die Situationen, in denen eigentlich erprobte und bewährte Kompetenz infrage gestellt wird. Zweifel dieser und ähnlicher Art führen dann aus dem Sicherheitsbereich verlässlichen Wissens in einen unsicheren Orientierungsmodus. Wer kennt sie nicht, diese verwirrenden Überlegungen und irritierenden Erfahrungen, die doch zur Arbeitsplatzbeschreibung der begleitenden Zunft gehören sollten. Gerade sie bergen einen ganz eigenen Gewinn dieses besonderen Tätigkeitsfelds.

Beratende müssen sich immer wieder neu orientieren. Jedes Mal begegnet ihnen ein neuer Mensch mit eigener Lebensgeschichte und besonderen Herausforderungen, die im Vorfeld nicht zu erwarten sind und in der realen Begegnung überlegtes, orientierendes Handeln verlangen. Menschliche Orientierung stützt sich auf Wissen und geht diesem gleichzeitig voraus, denn »Orientierung ist die Leistung, sich in undurchsichtigen und dynamischen Situationen zurechtzufinden, um in ihnen Handlungsmöglichkeiten auszumachen, durch die sie sich bewältigen lassen, und unter Ungewissheit unter den Alternativen zu entscheiden« (Stegmeier, 2020, S. 9). Orientierung ist kein statisches, lebenslang tragfähiges Gebilde, sondern ein kontinuierlicher Prozess individueller Auseinandersetzung mit Lebensgegebenheiten. So wird jede Begleitung zu einer kleineren oder größeren eigenen Umorientierung der Begleitenden.

Orientierung bedeutet, sich auszurichten an einem gewählten Fixpunkt. Für frühere Seeleute war dies die Sonne, und nach
dem Sonnenaufgang im Osten richteten sie ihren Kompass aus.
Sie orientierten sich am Osten, erklärten den Orient zu ihrem
Orientierungspunkt. Moses Mendelssohn (1729–1786) führte
den Begriff der Orientierung aus diesem topografisch-prakti-
schen Kontext der Seefahrt in seine Philosophie ein und verwendete den Begriff erstmals als gedankliches Geschehen in
seinem Buch »Morgenstunden« (1785). Dies griff Immanuel
Kant (1724–1804) auf, indem er fragte, was es denn heiße, sich
im Denken zu orientieren, und meinte: »Sich im Denken orientieren heißt also: sich bei der Unzulänglichkeit der objektiven
Prinzipien der Vernunft, im Fürwahrhalten nach einem subjektiven Prinzip dasselbe bestimmen« (Kant, 1977, Bd. 5, S. 269).
Damit verwies Kant auf die Subjektivität von Orientierungs-
punkten, die jeder Mensch nach seiner Überzeugung wählt und
bestimmt, und formulierte seine vier klassischen Fragen: »Was
kann ich wissen?«, »Was soll ich tun?«, »Was darf ich hoffen?«
und »Was ist der Mensch?«.

Karl Jaspers (1883–1969) griff diese Fragen auf und stellte
die letzte, »Was ist der Mensch?«, weniger allgemein, sondern
formuliert sie als persönliche (An-)Frage: »Worin besteht mein
Menschsein? Was macht meine Existenz wesentlich aus?« In
seinem Buch »Philosophische Weltorientierung« (1956) führte
Jaspers diesen Gedanken weiter, indem sich für ihn Philosophie außerhalb jeden Elfenbeinturms in konkreten Situationen
ereigne, im Sichfinden in einer Welt, in der sich der Mensch
beständig orientieren muss. »Die Dinge in der Welt, in der ich
mich orientiere, sind zu kennen und zu beherrschen. Weltorientierung erweist sich mir als die endlos fortschreitende Situations-
erhellung in der Richtung auf das Sein« (S. 124). Damit beginnt
für Jaspers Philosophieren im konkret-situativem Sichfinden in
einer Welt, in der der Mensch sich beständig orientieren muss.

Der deutsche Philosoph Werner Stegmaier (*1946) macht Orientierung und die Orientierung über Orientierung in seinem Buch »Philosophie der Orientierung« (2008) zum Grundbegriff. Denn orientiert sich der Mensch in einer Situation, verändert sich dadurch bereits diese Situation und erfordert nun ihrerseits wieder neue Orientierung. Da jede Lebenssituation eine andere ist, sind allgemeingültige Orientierungen nicht zu erwarten. Vielmehr strukturiert sich jede Orientierung selbst anhand von Anhaltspunkten, die ein Mensch individuell bedürfnisgeleitet wählt, um diese mit seinen Wahrnehmungen, Wahrheiten, Mustern verknüpfen zu können. So gesehen, ist die jeweilige Orientierung eine, die diverse vorausgegangene ablöst, um aktuell Übersicht zu gewinnen und sich dann entsprechend verhalten zu können. Orientierung ist also ein zeitliches Phänomen, das nie feststeht. Es ist vielmehr eine Haltung und eine Kunst, in Ungewissheit zu leben – es ist eine Lebenskunst, eine immer wieder neu zu erbringende Leistung, sich in einer Situation so weit zurechtzufinden, dass angemessene Handlungsmöglichkeiten erkannt und umgesetzt werden können.

Paradoxerweise muss eine passende Orientierung neu sein und gleichzeitig anschlussfähig an bewährte persönliche Muster und an bisher tragende Orientierungsstandpunkte. Sie stützt sich auf (bewährtes) Wissen und geht diesem gleichzeitig voraus, indem sie sich lebensdynamischen Prozessen anzupassen hat. Im Alltag fällt das alles kaum auf, läuft unbeachtet im Hintergrund ab. In neuen, unbekannten Situationen drängen diese lebensdynamischen Prozesse in den Vordergrund, führen eventuell zu einer Krise bedrohlich erlebter Desorientierung, zu leidvollem »Herumirren«, in dem Orientierung zum existenziellen Bedürfnis wird.

Orientierung setzt also ein Bedürfnis danach voraus, verlangt eine gewisse Offenheit, verschiedene unbekannte Sichtweisen zu ergründen und sich mit bisher Fremdem, Neuem aufrichtig auseinanderzusetzen. Solch eine Öffnung zum Unbekannten hin erfordert eine gewisse Sicherheit in der eigenen Identität. Denn es erfordert eine gewisse Selbstsicherheit, um aufmerksam zuhören zu können, sich Widersprüchlichem zu stellen bis dahin, möglicherweise Gegenpositionen zu vertreten, wenn persönlich unvereinbare Werte zur Disposition stehen.

 Reflexion (Rabanus, 2020)

1. Wie orientiere ich mich derzeit im täglichen Leben? Welches sind Wegweiser und Anhaltspunkte für mein Verhalten und Handeln?

2. Was bedeutet dann also Orientierung für mich auf der Basis der Art und Weise, wie ich Orientierung im alltäglichen Leben praktiziere?

3. Wenn ich nun in die Welt schaue – kann ich da Verhalten und Handeln meiner Mitmenschen beobachten, das scheinbar an anderen Orientierungsmaßstäben als den meinen ausgerichtet ist? Wenn ja – welches Verhalten ist das und was sind die dem Anschein nach anderen Orientierungsmaßstäbe?

4. Wenn ich diese Orientierungsmaßstäbe anderer mit den meinen vergleiche – können alle nebeneinander bestehen bleiben und sind sie in diesem Sinne nur konträr, aber nicht kontradiktorisch? Oder widersprechen sich die fremden und meine Orientierungsmaßstäbe? Wenn ja: Worin genau liegt der Widerspruch?

5. Wenn ich mir die fremden Orientierungsmaßstäbe anschaue – wären sie für mich, gegebenenfalls teilweise, auch akzeptabel? Was müsste geschehen bzw. welche Überzeugungen müsste ich annehmen oder welche müsste ich aufgeben, damit ich diese fremden Orientierungsmaßstäbe akzeptieren könnte?

6. Schließlich: Ist eine Adaptierung der fremden Orientierungsmaßstäbe für mich vorstellbar? Wenn nein – warum

> nicht? Wenn ja – warum adaptiere ich die anderen Ori-
> entierungsmaßstäbe nicht? Was ist das Wesentliche, das
> diese anderen Orientierungsmaßstäbe von den meinen
> unterscheidet?

Philosophische Ansätze lassen sich als Orientierungspunkte
denken, als Anregung, sich selbst Rechenschaft zu geben und
Klarheit zum eigenen Handeln zu verschaffen. Darüber hinaus
stellen sie aktuelles Wissen infrage und hinterfragen den Menschen in seinem gelebten Wissensmodus.

Bei biografischen Wendepunkten und in Krisenzeiten ist bis
dahin selbstverständliches Wissen erschüttert, trägt bestenfalls
noch partiell und bietet längst nicht mehr den verlässlichen Halt,
den es braucht, um dessen Zusammenbruch standzuhalten. Veränderungen und Krisen fordern Anerkennung und Annahme
eines persönlich bedeutsamen Verlustes, und dieser geht mit
dem Verlust bisheriger Selbstverständlichkeiten und Sicherheiten einher. Bisheriges Wissen muss aufgegeben werden, unbekannte Erfahrungsräume öffnen sich weit und mitunter erbar-
mungslos, existenzielle Fragen brechen auf, und der Mensch
muss sich grundlegend neu ausrichten. Dafür sucht er Fixpunkte,
an die er sich halten kann, und Orientierungspunkte, an denen
seine »Sonne« wieder aufgehen kann.

Bisherige Wissenssicherheit zerbricht zu Orientierungsfra-
gen. Wird ein Mensch aus dem Wissensmodus in einen Orientierungsmodus genötigt, bedeutet diese Begegnung mit Neu-
land für ihn, komplexe Prozesse durchzustehen, die Werner
Stegmaier (2008, 2016, 2020) in seiner Orientierungsphilo-
sophie vielschichtig charakterisiert. Orientierung umfasst für
ihn ein Sichzurechtfinden, indem die veränderte Situation so
weit gesichtet wird, um allmählich eine Übersicht darüber zu
erhalten. Verschiedene Sichten, etwa im Austausch mit vertrauten Menschen oder im Rahmen einer professionellen Beglei-

tung, können als Entscheidungshilfen dienen, sich allmählich in neue Spielräume hinein auszurichten. Dort heißt es dann, Haltepunkte suchen, aus denen heraus sich vertrauenswürdiger Halt bildet, der nun als Anhaltspunkt dient, um Kontinuität zu ermitteln, aus der sich angemessene Strukturen, Routinen, Abläufe herausbilden, die sich zukünftig stabilisierend auswirken.

Dieses Nachdenken, Durchdenken, Vordenken entwirft neue Orientierungsoptionen, die im Laufe der Auseinandersetzung und deren Überprüfung allmählich eine individuelle Ausrichtung prägen, die Handlungsalternativen aufzeigt und Zuversicht schaffende Routinen entwickelt.

 Impuls

Orientierungsentscheidungen sind existenzielle Herausforderungen und Entwicklungsprozesse hin zu einer neuen, sinnstiftenden, lebensbetrachtenden Über-Sicht auf die persönliche Sicht. In einem derartigen Orientierungsmodus bestätigen bzw. verstärken sich einige der bisherigen lebensgestaltenden Haltungen, revidieren sich andere und bilden sich neue heraus.

Was könnte dies für mich heißen? – 10 Minuten Freewriting, in dem Sie, möglichst ohne den Stift länger abzusetzen, schreiben, was Ihnen frei assoziativ in den Sinn kommt.

Haltung – Leitstern und Tatkraft

> *»Sobald der sprachlose Zustand des Erstaunens in Worte*
> *übersetzt wird, beginnt er nicht mit Aussagen, sondern*
> *formuliert in unendlichen Variationen immer wieder das,*
> *was wir die letzten Fragen nennen: Was ist das Sein?*
> *Wer ist der Mensch? Welchen Sinn hat das Leben?*
> *Was ist der Tod? Und so weiter.«*
> *(Arendt, 2019, S. 25)*

Die Anwendungsbreite des Wortes »Haltung« verweist bereits
auf menschliche Haltung als ein die Ganzheit des Menschen
umfassendes, ineinander wirkendes Geschehen, von der Körper-
haltung über mental-geistigen Haltungen und Einstellungen bis
hin zur spirituellen Dimension von Halt haben und Halt geben.

Es beginnt ganz praktisch mit einem »Halt!« im Sinne von
»Stopp!« als Grenzziehung, als persönliche Positionierung.
Einsilbig und kurz, braucht es keine weiteren Erklärungen, ein
unmittelbares Signal ist gesetzt: »Bis hierhin und nicht weiter!«
Der, dem dieses »Halt« begegnet, wird zum Anhalten aufgefordert. Anhalten heißt, sich für einen Moment aus der Bewegung
herauszunehmen, Raum zu schaffen für das, was war, was ist
und was sein wird.

Im Weitergehen wird es dann wichtig sein, das Erfahrene
zu »behalten«, das, was ich mir in meinem Halt erworben habe,
auch zu erinnern, es nicht außen vor zu lassen. So webt sich das
Erfahrene in meine Haltung ein und festigt mich einerseits, zeigt
jedoch andererseits, dass es immer wieder im Anhalten eine Veränderung geben kann. Halt ist demnach nichts Fixes, sondern
in der Zeit gesehen etwas Bewegliches, etwas Haltungsbildendes.

Damit steht Haltung in enger Verbindung mit Identität, Charakter, Einstellung, Wahrnehmungsweisen und Wirklichkeits-
konstruktionen. Haltung steuert Denk- und Verhaltensweisen,

denen sie zugrunde liegt und deren Ergebnis sie ist. Haltung ist immer ein individuelles Konstrukt, biografisch geprägt, familiär tradiert, kulturell geformt, in Erfahrungen erworben, durch Bewertungen gebildet, beeinflusst durch die individuelle Sicht von Welt oder situativ konstruiert.

In sozialen, pädagogischen und therapeutischen Berufsfeldern wird »Haltung« als Konzept genutzt; übereinstimmend gilt es als eine Schlüsseldimension, Grundeinstellung und Basis, um Wissen, Können und Handeln immer wieder neu zu justieren (Knauer, 2012, S. 84), ausgehend von und sich ausrichtend an den zentralen Paradigmen von Verstehen und Achten (Mührel, 2019). In »selbstkonstituierender Reflexivität« (Kurbacher, 2016) werden situationsgemäß Fühlen, Wollen, Denken und Wahrnehmen verbunden und damit das hergestellt, was sich nicht allein gedanklich und handelnd realisiert, sondern sich auch zeigt als leiblicher Ausdruck eines ganzheitlichen Menschen und dessen »zum Selbstverständnis geronnenen Ineinander der vielfältigen Lern-, Lebens- und Berufserfahrungen in den Konstellationen der jeweiligen Kultur und Zeit« (Thiersch, 2014, S. 4). Haltung als immerwährendes dynamisches Geschehen einer Korrespondenz von inneren Einstellungen mit Verhalten und körperlichem Ausdruck, so wie es in Formulierungen wie »Haltung annehmen« oder »Haltung bewahren« deutlich wird. Ver-halten als beständiges Zusammenspiel innerer und äußerer Prozesse, als »soziale Gesinnung« (Salomon, 1927, S. 201), die für die erste deutsche Sozialarbeiterin Alice Salomon ein soziales, sozialpolitisches Grundverständnis bedeutete, das neben der Hilfe für den einzelnen Menschen auch den Blick auf »die Menschheit« (S. 86) ausrichtet.

Hinter jeder Handlung steht eine Haltung, in jeder Handlung drückt sich eine entsprechende Haltung aus, nämlich die »Einstellungen gegenüber Menschen, Situationen und Arbeitsprozessen« (Herwig-Lempp u. Schwabe, 2002, S. 480), die sich in

Kombination mit »theoretischen Vorannahmen« (S. 480) hand-
lungsleitend auswirken, bewusst wie unbewusst.

Haltung ist die Art und Weise, mich zu mir selbst und zur
Umwelt in Beziehungen zu bringen, mich mit der Außen- und
Innenwelt auseinanderzusetzen und entsprechend Beziehungen
zu gestalten. Innere Haltung zeigt sich darin, wie wir Menschen
begegnen, wofür wir einstehen. Sie steuert, wie wir uns in zwi-
schenmenschlichen Situationen verhalten. Damit ist Haltung
mehr als Einstellung oder Meinung, denn Haltung bedeutet
gerade, Meinungen abzuwägen und bestimmten Einstellungen
entgegenzuwirken, dann, wenn sie nicht mit meinem Selbst-
konzept übereinstimmen.

Dies nun verbindet die humanistische Grundhaltung mit
wertschätzenden Grundannahmen und der Bereitschaft, interessiert einem Menschen im Dialog zu begegnen, sich dabei
solidarisch mit dessen aktueller (Leid-)Situation zu verbinden
und ihn als autonome Person zu achten. Diese Haltung hat ein
gemeinsames Wir im Blick, das es aber jeder Person ermöglicht, engagiert die eigenen Ziele zu verfolgen und nach eigenen Vorstellungen zu leben. Niemand von außen hat das Recht,
darin einzuwirken, es sei denn, es führte zu sozial unverträgli-
chem Verhalten.

Als Begleiterin meine innere Haltung zu kennen und immer
wieder situativ zu reflektieren, ist unverzichtbarer Teil authenti-
scher Handlungen. Meine Haltung ist immer etwas Echtes, kann
nicht imitiert werden, denn sie beinhaltet meinen individuellen
Stil, der sich im Miteinander bewährt hat. In meinen Reaktions-
weisen gestalten sich meine inneren Werte. Mitunter erweisen
sie sich als unangemessen, zum Beispiel dann, wenn sich her-
ausstellt, dass meine Haltung von Vertrauen in einem gewissen
Kontext nicht passt und stattdessen Kontrolle angemessener
ist. Haltung differenziert sich in immer wiederkehrender Auseinandersetzung mit der Realität und entsprechend in meiner

Selbstprüfung. In kritischer und lebensgeschichtlichen Distanz zu mir selbst beantworte ich mit meiner Haltung ja stets die an das eigene Selbst gestellten Ansprüche und Anforderungen – und dass dies zu nachhaltig irritierenden Betrachtungen meiner bisherigen Überzeugungen führt, liegt in der Natur der Sache.

 Reflexion

> Wie beantworten Sie heute die Fragen, die Hannah Arendt (2006) als zentral genannt hat: »Was ist das Sein? Wer ist der Mensch? Welchen Sinn hat das Leben?«

Haltung ist unsere persönliche Art, in Kontakt zu treten und Beziehung zu gestalten. In Begleitungen kommt es wesentlich darauf an, welche sicherheitsspendende Rahmung ich anbiete und welche Bindungsangebote. Welche Einladungen spreche ich aus und wie stelle ich eine Atmosphäre her, in der sich mein Gegenüber sicher fühlen kann? Achte ich dessen Anliegen oder drängt sich kurz mal mein eigenes dazwischen?

Ich würdige konsequent das Anliegen des Menschen, der sich mir anvertraut, mit beständiger Auftragsklärung: »Sie erzählen mir von diesem Sie überwältigenden Ereignis, möchten Sie, dass wir jetzt hier darüber sprechen?«

Meine Art, zu sprechen und anzusprechen, spiegelt meine innere Haltung wider und erschafft unsere Begegnungsrealität. Würdigung des Leids bei gleichzeitiger Haltung ruhiger Zuversicht, gewisser Leichtigkeit und vielleicht einer Prise Humor. Ist Entspannung möglich, lässt die Bedrohung nach, denn der Körper versteht, dass er (vorübergehend) in Sicherheit ist. Und wo Humor ist, schwindet die Gefahr (Porges, 2010, S. 23). Im sicherheitsspendenden Miteinander entsteht ein bedeutsamer Möglichkeitsraum, denn »alles wirkliche Leben ist Begegnung« (Buber, 1984, S. 15), ein Raum, der Sicherheit bietet und ein beruhigend-nährendes Gefühl. Ein sicherer, kommunikativer

und verbundener Ort, an dem wir Menschen einander bedeutsam und wirksam sind. »Manchmal erlischt unser Licht, wird
aber durch die Begegnung mit einem anderen Menschen sofort
wieder in Flammen aufgelöst« (Albert Schweitzer, in Christaller,
1952, S. 98).

Ein Werkstattbeispiel: Haltung bewahren, das meint eine Trauer-
begleiterin sich abverlangen zu müssen, und berichtet eindrücklich in ihrer Supervision von großer emotionaler Betroffenheit,
aktualisierten eigenen Erfahrungen, unruhigem Schlaf und der
wiederkehrenden Frage, ob sie überhaupt für die Begleitung von
Menschen in Krisensituationen geeignet und kompetent genug
sei. In dieser Supervisionssitzung gehen wir ihrer inneren Forderung, Haltung zu bewahren, nach, die sie selbst vorerst nicht
infrage stellt, zu sehr entspricht sie einem ihrer Lebensmuster.
Entsprechend tapfer hält sie durch, hält sich in ihrer Begleitrolle,
bemüht sich nach Kräften, den Begleitprozess zu halten und auszuhalten, was da aktuell auf sie einstürmt.

Unsere Supervision ist erst einmal ein Anhalten, um zu ermöglichen, persönlich haltgebende Muster zu erkennen und professionelle Haltung zurückzuerhalten. Menschen, die Menschen in
existenziellen Krisen unterstützen, kennen ähnliche Erfahrungen, bei denen sie den Zugang zu ihrer Professionalität verlieren,
in eigene Prozesse katapultiert werden und sich gegenüber den
Menschen, die sich ihnen anvertrauen, hilflos und inkompetent
fühlen. Das bleibt nicht aus, solange sie Begleitung als einen
Resonanzraum verstehen, den sie neben allem fachlichen Know-
how mit ihrer persönlichen Schwingungsfähigkeit ausgestalten.
    Da existenzielle Themen nie nur die Themen der anderen
sind, da sie die eigene Existenz anrühren, da sie mit Sinnfragen
anklopfen, rütteln sie an spirituelle Verortungen – kurz, sie kon-
frontieren mit Haltlosigkeit und Halt gleichermaßen.

Krisen begegnen, angstvollen Desorientierungen als Begleitende stand-halten, umfasst, mit eigener Lebensangst konfrontiert zu werden, die nach Halt treibt, nach Haltepunkten und
Anhaltspunkten – will sie nicht zur Verzweiflung, sondern zu
einer neuen bzw. erweiterten Orientierung werden. Und damit
diese sich als tragfähig erweisen kann, muss sie anschlussfähig
sein an bewährte, tragende, haltgebende alte Muster.

Über professionelle Haltung ist viel nachgedacht und
geschrieben worden, und wer Menschen begleitet, setzt sich
unweigerlich mit Haltungsfragen auseinander und mit deren
Aspekten wie beispielsweise Empathie oder Authentizität.

Bedeutet Halt geben und stand-halten angesichts unermess-
lichen Leids, mit dem Menschen sich anvertrauen, mitunter,
diese Authentizität zu verlassen und sich vielleicht ihr gerade
entgegenzustellen – nämlich dann, wenn es gilt, dem Impuls,
aus dieser Situation wegzulaufen, zu widerstehen? So wie es der
supervidierten Kollegin gelang? Sie verhielt sich in der Situation
nicht authentisch, indem sie blieb, sie stand zu sich, indem sie
in der Supervision das Prozessgeschehen bearbeitete.

Halten wir abschließend fest: Wer Halt gewährt, verstärkt in
sich den Halt. In Krisenzeiten gilt sowohl für Begleitete wie ihre
Begleiter*innen, dass es in jeweils individueller Weise darum
geht, sich neuen Situationen zu stellen, daraus erwachsende
Spielräume zu ermitteln und sich darin so zu orientieren, dass
sich sowohl Haltepunkte wie auch mögliche Handlungsalternativen ermitteln lassen. Nach Versuch und Irrtum werden diese
dann erprobt, so lange, bis sie ihrerseits nicht mehr ausreichen
und ihre Haltefunktion einbüßen. Kurz, es gilt, den eigenen
Lebenskompass immer wieder neu auszurichten, um zu erkennen, wo die persönliche Sonne aufgeht.

Impuls

- Wer und was gibt mir Halt?
- Was und wer hält, bindet mich?
- Was und wen halte ich?
- Was und wer hält mich auf?
- Was und wer hält mich an?
- Wann und wo halte ich inne?
- Was und wen halte ich zurück?
- Was und wen halte ich besetzt?
- Wer und was nimmt mir meine Haltung?
- Was und wer gibt mir Anhalt?
- Wen halte ich hin?
- Wer hält mich hin?
- Welche »Halte-Regeln« sind unbedingt einzuhalten?

Zuhören – Dialog in Gegenseitigkeit

> *»Denn es ist ja das Gespräch, das mich aus dem auf-*
> *spaltenden Gespräch mit mir selbst herausreißt und*
> *mich wieder zu einem macht – zu einem einzigen, ein-*
> *zigartigen Menschen, der mit einer Stimme spricht*
> *und von allen als ein einziger Mensch erkannt wird.«*
> *(Arendt, 2019, S. 57)*

Begleitung bedeutet zu einem großen Teil, Gespräche zu führen. Gespräche, die es dem begleiteten Menschen ermöglichen,
von Erlebtem zu berichten, das die Menschen in seiner Umgebung so nicht hören wollen oder sollen. Sprechend stellen sie
zu diesem Erlebten eine gewisse Distanz her, indem sie es in
Worte fassen und im Formulieren mehr erkennen können als
im eigenen quälenden Gedankenkreisen: Denn Erkennen schafft
das Erkannte, und das Besprechen formt das Besprochene. Nur
derart zwischenmenschlich erschließt sich das Unerschlossene
(Buber, 1984, S. 295).

Sich mitzuteilen, auszutauschen, beantwortet zu werden ist
ein menschliches Grundbedürfnis, und in Zeiten tiefgreifender
Veränderungen noch viel mehr. Miteinander sprechen ermöglicht es, Unaussprechliches zur Sprache zu bringen und das
Erlebte im Aussprechen handhabbar zu machen: »Ich spreche
es aus, die Welt versinkt darüber nicht, sondern meine Worte
geben den Erfahrungen einen Namen, bringen sie damit in die
Welt und in die neue Realität.« Benennen entreißt die Erfahrung
dem zersetzenden Bann des Unausgesprochenen.

Aussprechen vor anderen schafft Zeug*innen. Indem sich
Menschen mitteilen, teilen sie Erlebtes und gestalten sprechend
ein Miteinander, das die isolierende Exklusivität des eigenen, einzigartigen Leids unterbricht. Sie wagen Begegnung. In Gesprächen, die aufrichtig geführt werden, öffnen sich die Beteiligten

füreinander, erkennen sich gegenseitig wertschätzend an und teilen ein echtes Interesse aneinander. Solche Gespräche sind eine wirkliche und damit eine wirksame Begegnung. Sie entfalten ihre Wirkung auf alle Beteiligten. Denn indem wir Menschen derart aufeinander eingehen, uns auf die Aussagen des Anderen einlassen, indem wir diese ins eigene Denken und Gespür hineinlassen, geschieht echte Begegnung. Es entwickelt sich unweigerlich etwas Neues, das in uns beiden prägende Spuren hinterlässt. An diesem Du des Gegenübers werden wir jedes Mal ein wenig mehr zum Ich. Martin Buber betont: »Wir sind miteinander erschaffen und auf ein Miteinander zu« (1984, S. 218).

Bei aller Autonomie sind wir Menschen als Beziehungswesen angelegt und als solche für unser Identitätserleben auf andere Menschen angewiesen. Wie diese uns wahrnehmen, auf uns reagieren, uns in unserem Sein beantworten, prägt nachhaltig das individuelle Selbstverständnis. Es ist dieser Blick des Anderen und dessen Erkennen meiner Person, in dem ich mich sinnhaft vom Sein her berührt erlebe (Buber, 1984, S. 234). Gespräche dieser Art, die zwischen den Beteiligten einen aufrichtigen Begegnungsraum eröffnen, gestalten ein »Zwischen«, ein »Drittes« im »Einander-gegenüber« (S. 276). Martin Buber nennt dies Dialog.

In Begleitprozessen sind wir bemüht, einen solchen dialogischen Zwischenraum herzustellen, der hilfreich für unser Gegenüber ist und mit uns in Einklang steht, gekennzeichnet durch die Offenheit der Beteiligten, Neues zu erleben. Aus solch einem Dialog gehen alle weniger oder mehr bereichert und damit verändert in ihre eigene Alltagswelt zurück, denn dieses echte Gespräch war zur Sprache gewordene Gegenseitigkeit und gleichermaßen im Einschwingen aufeinander personale Vergegenwärtigung. Die therapeutische, heilsame Wirkung dieses gelingenden Miteinander-reden-Könnens hat sich entfaltet und lässt die Beteiligten sich als selbstwirksam erleben.

Reflexion

Bitte betrachten Sie Ihre Gespräche der letzten Woche und schätzen Sie: Zu wie viel Prozent habe ich lediglich gehört, was mein Gegenüber sagte, ohne mich sonderlich dafür zu interessieren, also »zum einen Ohr rein, zum anderen raus«? Und wie hoch war der gefühlte Anteil echter Gespräche, in denen ich offen-interessiert zugehört und mich mit dem Gehörten aufrichtig auseinandergesetzt habe?

Der dialogischen Gesprächsführung liegt eine bestimmte Haltung zugrunde, in der dem Zuhören als ehrlichem Zugewandtsein eine zentrale Bedeutung zukommt. Zuhören ist dabei mehr als Hören. Was bedeutet das konkret?

Denken wir über Hören und Zuhören nach und darüber, was gutes Zuhören eigentlich ausmacht. Wie oft bemängeln Menschen, dass ihnen kaum oder nur kurz Aufmerksamkeit geschenkt wird, bevor die Gesprächspartner*innen fix wieder über sich selbst sprechen. Eine Unsitte? Zumindest ist es eine weit verbreitete Angewohnheit, ein Stichwort herauszuhören, um damit einen eigenen Stich zu machen und das Gespräch in die gewünschte Richtung zu manövrieren. Schon erzählt jeder für sich, die Begegnung fühlt sich schal an, und die Beteiligten fühlen sich nicht gemeint.

Dabei ist es eines der menschlichen Grundbedürfnisse, als Persönlichkeit wahrgenommen zu werden, zu spüren, aufrichtig vom Gegenüber gemeint zu sein und aufmerksame Resonanz zu erfahren. Vom ersten Lebenstag an waren wir auf liebevolle Blicke angewiesen und konnten nur überleben, weil uns unsere Umgebung in vielfältiger Form beantwortete, uns umfassend versorgte und unser Schreien und Plappern hörte. Egal, wie alt wir sind, dieses Bedürfnis, wahrgenommen und verstanden zu sein, bleibt. Hier setzt gutes Zuhören an, indem es Kontakt mit anderen Menschen herstellt, Zusammensein wichtig nimmt, Erlebnisse und Erfah-

rungen würdigt. So stellt sich Nähe her. Die Begegnung gewinnt
an Bedeutung. Freundschaft entsteht und Bindung wächst, indem
Gesagtes und Nichtausgesprochenes gehört werden.

Ein Gedicht von Rose Ausländer trägt den Titel: »Hinter allen
Worten das Schweigen« (1984, S. 83). Das Wesentliche lässt sich
nicht ausreichend in Worten vermitteln, und zu dem, was die
Lyrikerin als tiefe Erfahrung zu sagen hat, reichen Worte nicht
hin. Wie können wir uns also Gehör verschaffen?

Der Duden nennt Bedeutungen des Wortes »Hören«: »auf
etwas achten, merken, bemerken, sich in Acht nehmen« (Duden,
Herkunftswörterbuch, 2006, S. 345). Das Ohr ist ein achtsames
Sinnesorgan, unser sensibelstes. Lange vor unserer Geburt, bereits sieben Tage nach der Befruchtung, beginnt das werdende
Leben zu hören (Alfred Tomatis, nach Berendt, 2008), und das
Ohr schaltet als letztes Organ im Sterben ab. Bereits vier Monate
vor der Geburt ist das Ohr voll ausgebildet und lauscht jetzt all
den Geräuschen des Mutterleibs, orientiert sich am Urrauschen
der Zellen und am Klang des Seins. Der Embryo bewegt sich
nach und mit dem, was er hört. Wie empfindsam mögen wir
wohl damals gehört haben? Unvorstellbar für mich heute, die
angesichts des täglichen Lärms Mühe hat, ihre Gedanken bei-
sammenzuhalten. Ich kann meine Ohren nicht wie meine Augen
schließen, schade.

Zuhören ist weit umfassender als Hören, denn neben einem
Inhalt, der zu Gehör und zur Kenntnis genommen wird, ist
Zuhören eine innere Haltung aufrichtig-offener Begegnung,
Bereitschaft zum echten Dialog. Damit ist Zuhören eine Herausforderung, die mich aus meinem Orientierungsrahmen und
meinen Bewertungsmustern heraus fordert. Das ist nicht immer
leicht, mitunter unbequem verstörend, und ich vermute, dass
ich mein gesamtes Leben dafür nutzen kann, um mein derart
absichtsloses Hören weiter zu verbessern und tiefer zu entwickeln. Dieses Hören beginnt im Schweigen, in der Stille, wenn

ich mich aufrichtig öffne für mir Neues, das ich bisher noch nicht bedacht, gewusst, ausgesprochen habe. Erst dann bin ich ansprechbar und erreichbar. »Die Ohren sind das Tor zur Seele«, sagte der Musikjournalist Joachim-Ernst Berendt (o. J., CD 1).

Das Wort »Lärm« kommt von »Alarm«, das wiederum auf das italienischen »all'arme« (»Zu den Waffen!«) zurückgeht. Alltäglicher Lärm alarmiert zur ständigen inneren Kampfbereitschaft, hält uns auf Trab, turnt uns an und von uns selbst ab. Wir hören heute so viel, dass uns das Hören vergeht. Bemerke ich das überhaupt noch? Genau das sollte ich mich öfter fragen.

Das Ohr lehrt das Fragen. Die Form des Ohrs erinnert an ein Fragezeichen und daran, Verstehen als einen fragenden Prozess des Zuhörens zu begreifen.

Die Hörkunst (u. a. der Musik) ist eine Kunst des Fragens. Klassische Musikstücke sind ein Spiel von Frage und Antwort. Viele Jazzstücke sind aufgebaut als Ruf und Response, mitunter als Selbstbefragung des Musikers. Joachim-Ernst Berendt (2008) weist darauf hin, dass in der modernen Musik viel mehr gefragt wird, da es im (post-)modernen Weltverständnis keine festen Antworten mehr gibt. Musik betont die Fragen, weist auf deren Wichtigkeit hin, anstatt ihnen zu antworten.

Diese Entwicklung der Musik entspricht der westeuropäischen Geistesgeschichte. Dachten die Menschen früher, es gebe feststehende Antworten, die eine Frage ein für alle Mal klären, so gehen wir heute davon aus, dass jede Antwort nur eine vorläufige sein kann, gültig lediglich so lange, bis eine nächste (wissenschaftliche) Erkenntnis gefunden wird. Und auch diese neuen Erkenntnisse werden lediglich Teilaspekte komplexer, umfassender und für unser menschliches Bewusstsein nicht zu erfassender Wirklichkeit abbilden, also Geschichten daraus machen.

Philosophie beschäftigt sich mit den unbeantwortbaren Fragen, die sich die Menschen immer wieder stellen, erkennend, dass es keine allgemeingültige Antwort gibt. Kants zentrale

Fragen sind bis heute aktuell: Was kann ich wissen? Was soll ich tun? Was darf ich hoffen? Was ist der Mensch? Ein Loblied aufs Fragen! Am besten höre ich zu, wenn ich darauf verzichte, Antworten geben zu wollen oder zu können. Die Mitteilungen meines Gegenübers werden umso präziser, je weniger ich dazu vorschnell Position beziehe. Wenn ich aufrichtig abwarte, was mein Gegenüber mir sagen möchte, seine Bedenkpausen aushalte, bis sich von ihm aussprechen lässt, was es bisher so noch nie formuliert hat, weil es sprachlich noch nicht besaß. Bis es ihm gelingt, dies »ins innere Wort und dann ins gesprochene Wort zu bringen« (Buber, 1962).

Nicht nur in der Begleitung geht es darum, einen solchen Raum des *echten Gesprächs* (Buber) herzustellen, einen geschützten und schützenden Ort, der zum Sprechen ermutigt und in dem das Gehörte fragend nochmals differenziert und immer weiter zuhörend vertieft wird. So entsteht eine Beziehung, in der auch das bisher noch nicht Gehörte des Sprechenden zur Sprache gebracht werden kann. Meine präsente Aufmerksamkeit, in der ich mich zurücknehme und angemessen schweige, ermöglicht einen gegenseitigen Prozess des Erkennens zwischen uns.

Der Anthroposoph Diether Rundloff vergleicht Hören und Sehen: »Das Auge ist ein peripherer Sinn – weil es nach außen gerichtet ist, erfasst es immer nur den äußeren Menschen. Das Ohr dagegen ist ein zentraler Sinn – weil die Außenwelt durch das Ohr in die menschliche Seele einzieht, erfasst es den inneren, verborgenen Menschen« (zit. nach Berendt, 2008, S. 36). Mein Ohr verfügt um ein Vielfaches mehr an Nervenverbindungen zum Gehirn als mein Auge. Mein Ohr vermag zehn Oktaven wahrzunehmen, mein Auge nur eine einzige (Tomasio, nach Berendt, 2008, S. 41 f.). Aufmerksam hörend bin ich nicht ausschließlich Zuschauerin, sondern Teilnehmerin und Teilhaberin unserer schwingenden Begegnung, die mich einem oder mehreren Menschen näherbringt – bis zu einer gewissen Grenze.

Jede Intimität verlangt, ein fundamentales Getrenntsein anzuerkennen. Es bleibt mir unerreichbar, was ein Anderer empfindet: Aus der unüberbrückbaren Grenzlinie und Erfahrung des Ausgeschlossenseins erwächst ein großer Bedarf respektierender Begegnung. Impulse der Inbesitznahme des Anderen, Beherrschungsversuche oder Ablehnung des Anderen kann ich überwinden, indem ich die Brücke des Zuhörens betrete. Gelingt es uns dann, aneinander zu wachsen?

Dafür ist es erst einmal erforderlich, menschliche Verschiedenheit als Wert anzuerkennen, sich dadurch gegenseitig Wert zu verleihen und so miteinander einen Gemeinschaftsrahmen zu stiften. Menschen wachsen aneinander, denn als flexibel-relationale Persönlichkeiten entwickeln wir uns lebenslang bezogen auf andere, ohne jemals zu stagnieren, bestenfalls in »guter Abhängigkeit« (Krebs, 2015, S. 94).

So ein Hinüberschwingen zur Andersheit des Anderen und zu dessen Selbstwirklichkeit erfordert Mut. Den Mut, mich nicht nur zu zeigen, sondern mich einzubringen mit dem mir Wesentlichen und damit mit den Anteilen, an denen ich besonders verletzbar bin. Mut, mich anzuvertrauen und zuzumuten. Das hebt das uns Trennende nicht auf, vielmehr bekräftigt es dies. Hören wir einander also mutig zu und sind wir bereit, von den eigenen Weisheiten zumindest vorübergehend ein wenig zu lassen, um uns einem anderen Daseinsraum zu öffnen und mitzuschwingen? Dann könnte uns ein Dialog gelingen.

Einzeln sind wir Worte, gemeinsam können wir zu einem echten Gespräch, einem Dialog, werden. Zu einem Gespräch um dieses Gesprächs willen, in dem meine Absicht, nämlich die bisherige Sicht, abhandenkommt und ich neu und mir Neues höre. Im Zwischen-Uns des aufrichtigen Gesprächs entwickeln wir uns aneinander, indem wir uns einander fragend gegenseitig zuhören.

In präsenter Aufmerksamkeit nehme ich mich zurück und ermögliche mir Erkennen. In einer solchen Begegnung kann es gelingen, dass wir einander aus dem Meer der Gleichgültigen herausheben, uns als Besondere erkennen, uns als solchen Ansehen geben und uns derart verbinden, dass ein Drittes zwischen uns in diesem Gespräch erwächst, ein Wir. Ein Ich und ein Du sind dann nicht zwei nebeneinander, sondern drei, bestehend aus Ich, Du und der zwischen uns erwachsenden Verbindung. Gemeinsam sind wir dann mehr als die Summe unserer Anteile.

An allem, was zwischen uns tritt, sind wir beteiligt. Und damit sind wir auch dafür verantwortlich, wie wir uns begegnen und einander anerkennen. Anerkennen bedeutet ernst nehmen, respektvoll würdigen, ob wir einer Meinung sind oder ob wir uns kräftig streiten. Das ist die Chance jeden Moments. »Was wir nicht selber mitgestalten, kann unser Glück niemals werden« (Höhler, 1981, S. 296).

Im Dialog, der seinem griechischen Wortursprung nach »sich unterreden und besprechen« bedeutet, geht es darum, Probleme ernsthaft zu erörtern und Erkenntnisse zu erlangen. Sich derart miteinander zu verständigen, ermöglicht vertieftes Verstehen der Dialogpartner untereinander, des miteinander erörterten Themas und eigener Prozesse. Der Physiker David Bohm sah in einem solchen Gespräch Möglichkeiten, persönliche Standpunkte und Haltungen einzelner Menschen und von Gruppen zu verändern bis tief in ihr Zusammenwirken hinein. Für ihn beginnt der Dialog, wo die Diskussion aufhört, wo es den Gesprächspartner*innen weniger darum geht, sich mit Argumenten zu messen, sondern vorrangig darum, ihren Horizont zu erweitern. So ein Dialog ist eine Chance, Neues zu entdecken, weniger Garantie, Altes zu bewahren (Bohm, 2019).

In Besprechungen, Meetings, Gesprächsrunden werden Standpunkte vorgestellt, Positionen verteidigt, Gedanken ausgebreitet und Theorien bemüht, um den Status quo der Differenzen zu klären, eventuell einigt man sich auf Ziele. Bestenfalls gelingt es, Konflikte auszuräumen. Wie weit hören hier die Beteiligten einander wirklich und wirksam zu? David Bohm weist darauf hin, dass diese Begegnungen, wenn auch gut gemeint, keinesfalls ausreichend sind, um einen wirklichen Schritt nach vorn zu kommen. Anstelle der Diskussion fordert er den Dialog und meint damit nicht ein freundliches Gespräch, sondern ein Horizonte eröffnendes Aufeinanderzugehen. Ein Dialog ist ein grundsätzlich gelungenes, die Teilnehmenden mit wirklich neuen Erfahrungen und Erkenntnissen belohnendes Gespräch, in dem sich Neues ereignet.

Erinnern wir uns an Martin Buber, der als unverzichtbare Voraussetzung von den Beteiligten die wesenhafte Hinwendung zum Anderen als einer »personenhaften Existenz« fordert (1962). Dazu gehört, sich selbst aufrichtig einzubringen, damit den sonst üblichen Schein so weit als möglich zu überwinden und vielmehr anzustreben, sich als authentisches Sein der aktuell entstehenden Situation zu stellen. Das bedeutet auch, auf vorgefertigte Redebeiträge zu verzichten und aufeinander Rücksicht zu nehmen. Rücksicht heißt, von vorgefertigten Meinungen abzurücken und nicht vorwärts, sondern mich rück-sehend zu vergewissern, ob ich verstanden habe, was mein Gegenüber mir mitgeteilt hat, mit mir teilen möchte.

Es ist der gemeinsam gestaltete Moment, der zählt, die jeweils einmalige Begegnung von Ich und Du. So wird Zuhören zu einfühlsamer Zuwendung und ehrlichem Interesse aneinander.

Zuhören ist eine Kunst, mit der die Fähigkeit, zu verstehen, verbunden ist. »Um sprechen zu lernen, braucht der Mensch drei Jahre, um schweigen zu lernen, fünfzig«, weiß der Schriftsteller Ernest Hemingway. Doch wer der über Fünfzigjährigen hat es wirklich gelernt?

Wenn es ums Rechthaben geht, ist der Dialog zu Ende, bevor er begonnen werden kann. Recht haben ist gleichbedeutend mit es besser wissen, nicht zuhören und ist damit undemokratisch. Wer dagegen »verstanden hat, was ein Gespräch ausmacht, erfährt, nicht wir selbst führen ein Gespräch. Im guten Gespräch führt das Gespräch vielmehr uns beide« (Gutknecht, 2017).

Diese Kunst des guten Gesprächs ist alles andere als neu, sondern reicht in die Antike zurück zum Philosophen Sokrates, dem es in den von ihm geführten Dialogen vor allem darum ging, das Wissen seiner Gesprächspartner zu bergen und deren eigenverantwortliches und selbstbestimmtes Denken zu fördern.

Wie erkenne ich, dass ich nicht nur höre, sondern zuhöre? Ich spüre, dass dann etwas in mir anklingt und ich berührt bin. Etwas in mir wird angezupft, mein Körper signalisiert Resonanz. Mir fällt auf, dass ich nicht zu vorgefertigten Meinungen greife, innerlich freier und interessiert daran bin, aufzunehmen. Ich lasse mich auf mein Gegenüber ein, und das bedeutet, dass ich mich loslasse bzw. meine Bewertungen und Denkkategorien. Vielleicht gelingt es mir so, durchs Offensichtliche und Vordergründige hindurchzuhören in tiefere Bedeutungsebenen hinein. Dann empfinde ich auch Zeit anders, bin mehr im Moment. Ich verspüre mehr Geduld als üblicherweise und bin neugierig. Meine Absicht ist absichtslos, denn jetzt geht es mir viel weniger um meinen Standpunkt als vielmehr um diese Begegnung. Jetzt mache ich mich in gewisser Weise schutzlos und werde in meiner offenen Zuwendung verletzlich. Ich könnte abgewiesen oder mein Gesprächsbeitrag als albern, überflüssig oder Blödsinn abgewertet werden. Hält mein Selbstbewusstsein dagegen?

Zuhören ist eine Tugend, flankiert von anderen Tugenden wie Mut, Geduld oder Selbstdisziplin. Wenn ich zuhöre, mache ich meinem Gegenüber ein Geschenk, und ich bekomme das Geschenk der Aufmerksamkeit. Das verlangt von uns Beteiligten, dass wir uns gegenseitig anvertrauen und auf persönlich-wertschätzenden Schutz hoffen dürfen.

Sind starke Gefühle im Spiel, wird es mir schwer, zuzuhören, vielleicht sogar unmöglich. Dann brauche ich Abstand, um mir erst einmal selbst zuzuhören. Wahrzunehmen, was es denn ist, das da so in mir tobt, und mir meine Gefühlsverwirrung zuzugestehen. Vielleicht schreibe ich das alles erst einmal für mich auf, sortiere mich auf der Zwischenwelt des Papiers, bevor ich unser Gespräch mit gefestigterem Standpunkt fortsetzen kann. Dann ist es mir hoffentlich möglich, dem anderen wieder zuzuhören. Aus dieser Resonanz aufs Gehörte heraus möchte ich antworten. Zuhören wird so zu einer Haltung – auf andere hören, auf-horchen, auf-hören.

Doch aufhören lässt sich auch genau gegenteilig verstehen: nicht aufhorchend mich öffnen, sondern im Gegenteil aufhören mit dem Gespräch, es beenden, mich verschließen. Nach all den Lobliedern aufs Zuhören möchte ich unbedingt vermeiden, Zuhören per se zu idealisieren. Nicht zuhören hat ebenso seinen Wert. Im Spannungsverhältnis einer Begegnung darf ich, kann oder muss ich mich entscheiden, wem ich zuhöre. Wie lange ich zuzuhören gewillt bin. Das will ich gar nicht hören! Ich wähle aus, sage Ja zum Gesprächsangebot oder ziehe verneinend meine Grenzen. Möglicherweise ist genau dies ein wichtiger Selbstschutz, ein Gespräch zu beenden oder gar gleich abzulehnen. Im Zugang zu mir selbst bin ich dafür verantwortlich, wo ich hinhöre, bei welchen Themen ich weghöre und wem ich zuhöre.

Impuls

Es lohnt sich, aufs eigene Zuhören zu achten, die Hörkunst als Kunst des Fragens zu trainieren und als zwischenmenschliches Geschenk zu kultivieren. Zuhören ermöglicht ein echtes Gespräch, das eine Begegnung zu einem bedeutsamen Miteinander macht, wesentliche Einsichten und ein Gefühl der Zugehörigkeit schafft. Aufmerksam nachfragend können wir einander näherkommen und doch selbstverantwortlich wir selbst bleiben.

Bitte antworten Sie spontan: Bei wem möchte ich darauf achten, zuzuhören und mich für einen Dialog zu öffnen? Notieren Sie diese(n) Namen, dann vermerken Sie dies in Ihrem Kalender zur späteren Überprüfung: Welche Erfahrungen konnten Sie sammeln?

II Ausgewählte Betrachtungen

Der Mensch ist Möglichkeiten. Und unser Sein kann sich nur sinnstiftend entfalten, wenn wir unser Leben sinnenreich ausschöpfen. Wenn wir uns an der wärmenden Sonne freuen, vom Wasserglitzern faszinieren lassen, uns der Musik öffnen, die Liebe wagen, vertrauten Berührungen uns nicht verschließen, Genüssliches genießen und in Dankbarkeit all dem begegnen, das für uns Bedeutung hat. Dann also, wenn wir unsere Lebensliebe nähren und uns selbst in liebevoller Selbstbeziehung Achtung und Würde erweisen.

Den wenigsten von uns ist das selbstverständlich, entsprechend fordert es für die meisten von uns wohl lebenslanges Einüben einer gesunden Selbstbeziehung, aus der heraus sich tragende Beziehungen verantwortungsvoll gestalten lassen. Stephen Gilligan (2015) spricht in diesem Zusammenhang von einem gesunden Narzissmus, der es uns ermöglicht, uns und anderen von Herzen folgende Sätze zuzusprechen:

- Du bist zutiefst liebenswert (ohne Leistung).
- Du bist einzigartig.
- Du bist wundervoll.
- Deine Liebe ist anderen unendlich wertvoll.
- Du bist ein Geschöpf voller Würde.

Damit sind wir inmitten zentraler Existenzthemen unseres Menschseins, in der Ausrichtung und Reflexion des eigenen

Lebens. Oftmals von unseren Klient*innen und deren Entwick-
lungsringen selbst angerührt, sind wir »seelisch infiziert« und
in unserer »Wachstumslust« aktiviert. Packen wir es an und
schauen wir uns in der Philosophischen Praxis ergänzend zu
unserem professionellen Know-how um.

Das ist natürlicherweise ein lebenslanges Unterfangen und
in diesem schmalen Buch keineswegs ausreichend zu erfassen.
Daher habe ich exemplarisch acht Themen ausgewählt, die
sowohl mich als Mensch seit langer Zeit wiederholt beschäftigen als auch mir in meiner Praxis und als Dozentin häufig begegnen. Lebensthemen, die sich privat, beruflich und
gesellschaftlich beständig gegenseitig durchdringen, in denen
ich mir und anderen gleichermaßen begegne, die mir meine
Grenzen zeigen und mich reflektierend genau darüber ein klei-
nes Stückchen hinausweisen: wenn ich mich vom mir Fremden verschreckt abwende, durch die Zeit hetze, vor Krisen zu
fliehen versuche, mir der Zugang zu meinen Kräften und dem,
was mich trägt, abhandenkommt, wenn ich um ein selbstbestimmtes Leben ringe, mich mein Alter und meine Endlichkeit erschrecken und bestimmt nicht zuletzt, wenn ich in tiefer
Dankbarkeit das Geschenk meines einmaligen, reichen Lebens
bestaune.

Fremd - Begegnung mit dem Anderen

»Sich einander als Gleiche und je Andre begegnen …
Ein staunender Aufenthalt miteinander.«
(Hirsch, 2013, S. 98)

Im alltäglichen Leben und wenn wir Menschen in Krise, Leid und Trauer begleiten, begegnen wir beständig »Fremdem« und »Befremdlichem«, treffen auf das, was uns abstößt, verschreckt, ängstigt, verunsichert. Für den französischen Philosophen Emmanuel Lévinas (1983, S. 198 ff.) liegt »Verantwortung vor allem darin, auf die Herausforderung durch die Andersheit des Anderen zu antworten«. Diese Andersheit meines Mitmenschen ist selbst in vertrautesten Beziehungen niemals völlig aufzulösen, und damit ist sie »unendlich«.

Mit Verschiedenheiten umzugehen, auf Fremdheit zu regieren, ist ein selbstverständliches und existenzielles Thema, das heute angesichts interkultureller Arbeitszusammenhänge und gesellschaftlicher Dynamiken besonders aktuell ist. Mit Lebenshaltungen konfrontiert, die mit unseren eigenen nicht kompatibel sind oder unvereinbar erscheinen, mit neuen Lebensstilen und deren Interaktionsmustern, kommen wir gar nicht darum herum, uns neue Verstehenshorizonte zugänglich zu machen, unsere Handlungsressourcen zu erweitern und uns in den durch neue Vielfalt entstehenden Konfliktfeldern zu verhalten.

Bei aller persönlicher Bereitschaft eröffnen diese Prozesse auch innere Konfliktfelder. Nach der Theorie der kognitiven Dissonanz (Irle u. Möntmann, 1978) streben Menschen nach Harmonie, Verständnis, Übereinstimmung, Bestätigung. Konfrontationen mit fremden Umgangsformen und anderen Überzeugungen stören, belasten und behindern damit die Bereitschaft, eine Begegnung mit dem Fremden zu wagen oder sich innerlich dafür zu öffnen.

Damit obliegt Professionellen eine besondere Verantwortung zur Reflexion ihrer eigenen Haltung, ihrer Einstellungen und Begegnungsmöglichkeiten. Sie haben die Aufgabe, in einer dialogischen Haltung derartige Dissonanzerfahrungen auszuhalten, produktiv zu nutzen und dieses (innere) Spannungsfeld nicht vorzeitig zu verlassen, zu vermeiden oder abzuwehren. Gleichzeitig ist es wichtig zu erkennen, wo Unvereinbarkeiten oder Antipathie eine aufrichtige Begegnung verunmöglichen oder persönliche Grenzsetzung erfordern. Dies ist dann gleichermaßen ernst zu nehmen, also zu erkennen und entsprechend den eigenen Möglichkeiten zu beantworten.

Die kulturhistorische Angst vor dem Fremden ist also aktuelle und persönliche Herausforderung. In jeder Begleitung habe ich mich mir Unbekanntem zu stellen, Menschen in ihrer Andersartigkeit offen zu begegnen, Fremdartigem standzuhalten und mich zu mir Widerstrebendem zu verhalten. Ein Trainingsfeld für Friedensarbeit.

Dabei arbeite ich nicht im luftleeren Raum, sondern bin als an dieser Gesellschaft teilhabender Mensch und als Frau eingebunden in aktuelle und historische gesellschaftspolitische Prozesse.

Gesellschaften sind als lebendige Systeme immer in Bewegung, mitunter leise und dann wieder unüberhörbar laut, heftig und wohl für alle in irgendeiner Form kollektiv spürbar.

Aktuell erleben wir uns inmitten gesellschaftlicher Transformationen, und diese Veränderungen verunsichern, verwirren unsere Gedanken, stimmen ambivalent, aktivieren Ängste und lassen nach Orientierung suchen. Das Alte, bisher selbstverständlich Vertraute, trägt nicht mehr, Neues ist nicht zu greifen und zeigt sich höchstens schemenhaft und nebulös am Horizont. Dem standzuhalten ist nicht leicht. Da haben einfache, klare Worte populistischer Stimmen, vordefinierte Fremdzuschreibungen, simple Erklärungen, banale Beruhigungsformeln durchaus leichtes Spiel. Zygmunt Bauman (2018, S. 7) spricht angesichts aktueller emotionalisiert-politischer Debatten von »moral panic«, einer weitverbreiteten Angst, dass ein äußeres Übel das Wohl der Gesellschaft bedroht. Schnell tritt da das Gespenst des starken Mannes auf, bietet Erlösung von freiflottierenden Unsicherheiten in Form ausbuchstabierter Gebote. Bauman hält dagegen, plädiert für eine Gegenkraft zu »lästig, störend abweisen«. Dies ist das Phänomen der Begegnung, »die zwar nicht unbedingt auf Einvernehmen, sicher aber auf wechselseitiges Verständnis zielt« (S. 111).

So beliebt abenteuerliche Reisen in unbekannte Länder auch sind, so werden gleichzeitig deren Menschen bei uns in Deutschland abgewertet, verdächtigt, ausgegrenzt. Unser hart erarbeiteter Wohlstand erweist sich als fragil. Nationale Abschottung bietet sich als sichernde Lösung an. Ist es nicht vielmehr an der Zeit, mit kosmopolitischem Blick permeable Grenzen und universell wechselseitige Abhängigkeiten wahrzunehmen?

Viele von uns arbeiten an Schnittstellen gesellschaftlicher Verwerfungen, sind berührt von überwältigendem Leid, unvorstellbaren Traumatisierungen oder biografischen und systemischen Existenzbrüchen. Es ist noch nicht lange her, als sich im Kriegs- und Nachkriegsdeutschland Menschen auf Trecks in eine neue Heimat schleppten, und viele von uns Professionellen kennen das aus ihrer eigenen Familie. Meine Arbeit mit Familienrekonstruktionen lässt mich jedes Mal wieder neue Facetten erahnen, wie Begegnungen mit Fremden ein einzelnes Leben und dessen Bezugssysteme nachhaltig beeinflussen.

Dabei wandern Menschen, seit es sie gibt, nomadisieren auf der Suche nach schützenden, nährenden Lebensräumen. Findet sich ein geeigneter Ort, richten sie sich heimisch ein, um dann notgedrungen irgendwann weiterzuziehen (Enzensberger, 1994). Migration ist menschliche Lebensweise und sollte nicht absichtsvoll unheilsverkündend als »Migrationskrise« benannt, sondern als Ausgangspunkt für Verstehen, »Horizontverschmel-

zung« (Gadamer, zit. nach Bauman, S. 111) und Gestaltung eines
gemeinsamen Rahmens ernst genommen und genutzt werden.

Diese gegenwärtigen politischen Erfordernisse sind in Aus-
maß und Form neu, kein Mensch konnte es vorher lernen, konstruktiv damit umzugehen. So ist es Anforderung und Aufruf
an jeden Menschen, sich diesen notwendigen, Not-wendenden
Themen engagiert und lernbereit zu stellen.

Reflexion

Wo überall begegne ich in meinem Alltag mir Fremdem?
Wie geht es mir damit?

Das Andere ist schon immer Teil des Eigenen, und das in allen
Dimensionen meines Menschseins. Betrachten wir es durch die
psychologische Brille: »Der Fremde entsteht, wenn in mir das
Bewußtsein meiner Differenz auftaucht, und er hört auf zu bestehen, wenn wir uns alle als Fremde erkennen« (Kristeva, 1990, S. 5).

Der Mensch hat einen je individuellen Toleranzrahmen für
Fremdes, ob es nun ursprünglich aus eigener Selbstbegegnung
oder als Konfrontation von außen daherkommt. Es stößt her-
kömmliche Sicherheiten ins Ungesicherte, verwirrt bisher tragende Orientierungskoordinaten, verstört Wahrheitsmuster und
fordert sowohl innere als auch äußere Auseinandersetzung. Bisher Fremdes entfremdet innerpsychische Muster und entblößt
diese als vorübergehende Konstruktionen. Nichts ist haltbar und
auf Dauer gestellt. Jedes Ausrufezeichen wandelt sich wieder in
ein Fragezeichen. Das Andere wird zur Zumutung, mutet sich
zu und ermutigt gleichzeitig, sich neuen Perspektiven zu stellen
und es mit persönlicher Entwicklung aufzunehmen.

Der Mensch wächst am Gegenüber relevanter Bezugsgrup-
pen zu einem Selbst, das Andere prägt seine Individualität. Nur
in der herausfordernden Begegnung mit einem anderen Gegenüber kann ich mich formen.

Auch die Liebe setzt eine Andersheit voraus, daran ist Begehren gebunden. Liebe umfasst die Andersheit des Anderen ebenso wie die der eigenen Person. Zweiheit konstituiert Liebe. »Was ist denn Liebe anders als verstehen und sich darüber freuen, daß ein Anderer in andrer und entgegengesetzter Weise als wir lebt, wirkt und empfindet? Damit die Liebe die Gegensätze durch Freude überbrücke, darf sie dieselben nicht aufheben, nicht leugnen. – Sogar die Selbstliebe enthält die unvermischbare Zweiheit (oder Vielheit) in einer Person als Voraussetzung« (Nietzsche, 1874–1878/1922, Nr. 75).

Für mich als Begleiterin bedeutet dies, dass es sich um nichts Geringeres handelt als um meine Verantwortlichkeit für Anderes und andere Menschen. Es bedeutet, immer wieder mein eigenes Leben von diesem anderen Menschen, von meinem Verhältnis zu diesem anderen aus in den Blick zu nehmen »und dem Anderen einen ethischen Vorrang einzuräumen, ja wieder die Sprache der Verantwortung zu erlernen, dem ›Anderen zuzuhören und zu antworten‹« (Han, 2016, S. 91).

Es bietet sich auch die soziologische Brille bei der Betrachtung von »Fremdheit« an. Dann schiebt sich das Thema »Grenzen« in den Vordergrund: »Offenheit bedeutet zwingend, dass es Grenzen gibt. Ohne Grenzen ist nichts. Mit geschlossenen Grenzen gibt es kein Leben. Grenzen sind kein Problem, sondern eine Notwendigkeit. Die Herausforderung ist der Umgang mit Grenzen, das Verhältnis zwischen Offenheit und Geschlossenheit, die Verschiebung von Grenzen und die Neubewertung ihrer Funktion« (El-Mafaalani, 2018, S. 20).

Was bedeuten Grenzen in einer individualisierten Gesellschaft? Soziologisch wird unterschieden zwischen Individualismus als Ideologie und Individualisierung als Prozess des Einzelnen und zentraler Institutionen moderner Gesellschaft. Sie bilden sich in den zivilen und sociale Grundrechten, die ans Individuum adressiert auch diverse Verantwortungen vermitteln an kooperativen Egoismus und altruistischen Individualismus (Beck zu. Beck-Gernsheim, 2011, S. 24).

Was im europäischen Kontext als universalistische Logik der Individualisierung und demokratischen Zusammenlebens gilt, ist weltweit und historisch betrachtet eine kulturelle Sonderform. In der Dynamik der Weltrisikogesellschaft ist das ferne Andere in unserer Mitte, und damit haben wir es mit einer inneren Globalisierung (Beck u. Beck-Gernsheim, 2011, S. 28) zu tun.

Kosmopolitisierung ist die Inklusion entfernter Anderer und ineinander verschränkter Welten (Fußballvereine mit internationalen Spielern, Lebensmittelregale der Supermärkte), während es sich beim Kosmopolitismus um eine philosophische Norm handelt, als eine Forderung, die Immanuel Kant vertrat oder Jürgen Habermas. Es ist die weltpolitische Aufgabe – ob von zivilgesellschaftlichen Akteur*innen oder von Regierungen und internationalen Organisationen ausgehend – der Begegnung mit dem Anderen im eigenen Leben.

Byung-Chul Han (2021) sieht darin die Chance, das Gleiche, die Überkonformität, die Überinformation und die Überproduktion nicht weiter mit Repressionen des Anderen zu sichern, sondern die »Fremdheit zur Welt« (Adorno) wahrzunehmen als Begegnungsspannung mit dem Anderen in seiner befremdenden, staunenswürdigen Andersheit.

Setzen wir die philosophische Brille auf, entdecken wir das Wort »Hospitalität«: »Hospitalität (Wirtbarkeit) ist das Recht des Fremdlings, seiner Ankunft auf dem Boden eines anderen wegen, von diesem nicht feindselig behandelt zu werden. […] Es ist […] ein Besuchsrecht, welches allen Menschen zusteht, sich zur Gesellschaft anzubieten, vermöge des Rechts des gemeinschaftlichen Besitzes der Oberfläche der Erde, auf der, als Kugelfläche, sie sich nicht ins Unendliche zerstreuen können, sondern endlich sich doch neben einander dulden […] müssen, ursprünglich aber niemand an einem Ort der Erde zu sein mehr Recht hat, als der andere« (Kant, 1977, Bd. 4, S. 113).

In seiner Verantwortungsethik formuliert Hans Jonas (1984) den ökologischen Imperativ, der die Selbstliebe, Nächstenliebe und Fernstenliebe umfasst. Verantwortung ist für ihn die Anerkennung der Pflicht, sich um ein anderes Sein zu sorgen.

Emmanuel Lévinas (1983, S. 30) fordert Aufmerksamkeit und ein »Mehr an Bewusstsein«, das Interesse am Anderen voraussetzt mit der »Anerkennung der Meisterschaft des Anderen«. Das erfordert mutige Bereitschaft, sich Andersartigkeiten auszusetzen, entzieht sich diese doch sofort jeder bisherigen Absicherung.

Damit enthält jede Begegnung einen (möglichen) Anfang von etwas Neuem. Hannah Arendts Philosophie des Anfangens, der Natalität, bezieht sich auf all die Wunder, die den Lauf der Welt und die selbstverständlichen Handlungen eines Menschen immer wieder unterbrechen. Dass Menschen geboren werden und mit ihnen ein Neuanfang zur Welt kommt, den sie verwirklichen können, ist für Hannah Arendt das zentrale Wunder des Lebens. Von diesem anthropologischen Verständnis des Anfangens zieht sie eine existenzielle Linie zur Idee eines Zusammenlebens im demokratischen Geist. Wir fangen immer wieder neu an. Jeder Neuankömmling, erklärt sie, ist für das Miteinander ein Gewinn, vorausgesetzt, man lässt ihn anfangen.

Schauen wir schließlich durch die spirituelle Brille: Unter Spiritualität verstehe ich die innere Einstellung, den inneren Geist wie auch das persönliche Suchen nach Sinngebung eines Menschen, mit dem er Erfahrungen des Lebens, dessen Endlichkeit und insbesondere auch existenziellen Bedrohungen zu begegnen versucht. Anthropologisch wird von einem metaphysischen Grundbedürfnis ausgegangen, das zwar kulturell unterschiedlichste Religionen hervorgebracht hat, ebenso unterschiedlichste philosophische Denkrichtungen mit je eigenen Akzenten. Allen ist als gemeinsamer Nenner eigen, dass sie sich dem Bedürfnis nach Gehaltensein in unhaltbaren Erfahrungen widmen und dessen Verstehensversuchen.

Kulturgeschichte ist die Geschichte der kollektiven Sinnkonzepte von Kulturen. Ihre Grundideen beschreiben Kulturen und Epochen als Idealtypen, an denen Wirklichkeit gemessen werden kann. Philosophien und Religionen lassen sich miteinander in Bezug setzen, denn sie behandeln weniger unterschiedliche Probleme als vielmehr unterschiedliche Aspekte und Akzentuierungen derselben Menschheitserfahrungen (Mall u. Peikert, 2017). Themen von Anderssein, Abweichung und Vielfalt nehmen wohl alle ernst, wird doch erst da der Boden bereitet für Suchbewegungen nach Resonanz, Gemeinsamkeiten, Konzessionen, Kooperation und mitunter sogar die Frage, ob bestehende Ordnungen der Differenz sinnvollerweise aufrechterhalten bleiben sollten.

Letztlich gilt es auszuhalten, dass nirgends der Boden verlässlich fest ist – und gerade dadurch der Grund der Dinge aufscheint. Spiritualität könnte dann das Ausschauhalten nach Bedeutung im tiefsten Sinne sein – auf eine Weise, die authentisch die eigene ist – in der Achtung anderer Sinnkonzepte.

Impuls

Das Fremde bewerten wir individuell unterschiedlich. Da lohnt es, dem etwas genauer nachzugehen: Welches Fremde fasziniert mich? Welches stößt mich ab? Welche Konsequenzen ziehe ich jeweils daraus? Welche davon erlebe ich als angemessen und hilfreich für mich? Empfinde ich bei anderen Scham oder möchte sie verändern?

Zeit – Chronos und Kairos

>*»Vielleicht sollte ich […] neu denken:*
Zeit nicht nur als Ressource, die monetarisiert wird,
sondern als eigene Währung.«
(Taubert, 2016, S. 17)

Beratung, Begleitung, Psychotherapie und andere professionelle Begegnungsformen sind in zeitliche Rahmenbedingungen eingebunden. Wir vergeben Termine, manchmal mehrere hintereinander, wir haben eine Anfangs- und Endzeit zur Begrüßung und Verabschiedung, und die Zeit dazwischen wird gefüllt mit dem, was der Mensch, den wir beraten oder begleiten, benötigt. Der Heilige Augustinus fragt in seinen Bekenntnissen: »Was aber nun ist die Zeit? […] Wenn keiner mich fragt, dann weiß ich's; wenn einer mich fragt und ich's erklären soll, weiß ich's nicht mehr« (2002, S. 299). Wir haben eine Zeit, die hinter uns liegt, und eine, die – so hoffen wir – noch vor uns liegt.

Zeit zerrinnt, Zeit vergeht wie im Flug. Zeit ist Geld. So oder ähnlich haben wir das schon oft gehört, selbst gedacht, ähnlich empfunden. Doch ist das nur eine Betrachtungsweise, nämlich die chronologische. In der antiken griechischen Götterwelt, der Mythologie verdichteter zentraler Menschheitserfahrungen, gibt es noch einen anderen Vertreter der Zeit: Kairos. Kairos steht für die erlebte Zeit, in der wir derart tief empfinden, dass uns Datum und Uhrzeit gleichgültig sind und wir ganz aktualisiert im Jetzt leben. Wir fallen aus der gemessenen, getakteten Zeit hinein in eine zentrale Begegnung mit uns selbst. Trauernde Menschen erleben diese Unterschiede mitunter schmerzhaft deutlich.

Da kommt eine Witwe sechs Wochen nach dem plötzlichen Unfalltod ihres Mannes zurück an ihren Arbeitsplatz, noch seelenwund versucht sie tapfer ihre Tätigkeiten wieder aufzunehmen, schafft nicht einmal die Hälfte des Pensums, das sie früher zügig abarbeiten konnte, und begegnet nun ihren Kolleg*innen, die während ihrer Abwesenheit solidarisch ihre Arbeit mit übernahmen, die Fahne hochhielten und dabei häufig selbst an ihre eigenen Grenzen kamen. Diese Kolleg*innen sind erleichtert, dass nun wieder die ersehnte Normalität eintreten wird, und bemerken, dass die verwitwete Kollegin wenig belastbar ist, öfter Pausen braucht und sich gelegentlich krankmeldet. Der Konflikt ist vorprogrammiert, Enttäuschung bei den einen, Kränkung bei der anderen.

Während im Reich des Chronos täglich viel gearbeitet wurde, streckenweise bis an oder über die Grenzen der Belastbarkeit Einzelner, litt die trauernde Kollegin in der Welt des Kairos, rang um Sinnfragen und tastete sich in ein neues Leben ohne ihren Mann hinein. Zwei parallele Welten begegnen sich nun im Büro, und während die einen vorwurfsvoll anprangern, dass ihre Kollegin sie nun nicht »nach sechs langen Wochen« von den zusätzlichen Aufgaben befreit, versucht die andere zu erklären, dass nach dieser »kurzen Zeit« ihr Mann noch immer tot ist. Sie fühlt sich unverstanden, erlebt ihre Kolleg*innen als herzlos und ist ihrerseits enttäuscht.

In der anberaumten Mediation erfährt das Team, dass Zeit relativ ist und je nach Betrachtungsstandpunkt unvereinbar verschieden erscheint. Die Sage von Chronos und Kairos bietet hier eine Geschichte, die beide Erlebensformen als gleichwertig und gleichwürdig beschreibt und den Kolleg*innen ein Bild anbietet, sich anstelle konflikthafter Auseinandersetzung miteinander zu überlegen, wie sich diese Welten konstruktiv berücksichtigen ließen – beispielsweise in einer gemeinsam formulierten Bitte um zusätzliche Unterstützung an die vorgesetzte Ebene.

In der Zeitgeschichte (Geissler u. Geissler, 2015, S. 97 ff.) lassen sich zwei Richtungsänderungen jeweils dominierender Zeitmuster nachverfolgen. Die überwiegend rhythmisch gelebte

Zeit der Vormoderne wurde in der Neuzeit durch den Takt als Ideal ersetzt und Zeit wurde zu Geld erklärt. In der Postmoderne wurde dieses Zeitmuster inzwischen vom Phänomen der Gleichzeitigkeit abgelöst.

Im Takt der Maschinen und der Uhr galt die chronologische Zeitansage und trennte Menschen von Zeiterfahrung und Zeiterleben. Seit die Uhr sagt, was die Stunde geschlagen hat, fließt die Zeit nicht mehr, wie es zuvor Sonnen-, Sand- und Wasseruhren mitverfolgen ließen.

Die Bedeutungsfigur Takt bestimmte unter Einfluss von Protestantismus, Rationalismus und Aufklärung besonders in der sich ausbreitenden Industrialisierung ab Mitte des 18. Jahrhunderts das Leben. Die mechanische Uhrzeit gelangte an die Macht, verdrängte natürliche Lebensrhythmen, bestimmte das Tempo, lieferte diktatorische Zeitnormen für alltägliche Lebensführung und bescherte viele Zeitprobleme, die sie abzuschaffen versprach. »Pünktlich wie die Uhr« wurde zum zweckdienlichen Kompliment, und Taktgehorsam zum Motor kapitalistischer Wirtschaft und zunehmender »Leibvergessenheit«.

Die Verinnerlichung solcher Zeitdisziplin dient Norbert Elias (1984) als Beispiel für den gesamten Zivilisationsprozess, der den Menschen dazu bringt, den Fremdzwang in einen Selbstzwang zu transformieren. Die öffentliche Zeit der Uhren, die den Verkehr und die Arbeit regelt, wird als Zeitgewissen verinnerlicht.

 Reflexion

In Mexiko ist der Ausdruck »Der Zeit Zeit geben«, »Darle tiempo al tiempo«, sprichwörtlich. Wann und wo geben Sie der Zeit Ihre Zeit?

Inzwischen ändern sich auch diese Uhr-Zeiten wieder und muten uns in einer auf Digitalisierung setzenden Gesellschaft tiefgreifende Verschiebungen im Umgang mit der Zeit zu. Die lineare Uhrzeit ist nicht mehr selbstverständlich für unsere Zeiterfahrung, sondern wird abgelöst von Zeitordnungsprinzipien flexibel gestalteter Gleichzeitigkeit. Lichtgeschwindigkeit ist nicht mehr steigerbar, globaler als global geht nicht, und viele Zeiten, unterschiedliche Zeitmuster und rasch wechselnde Zeitqualitäten existieren bereits nebeneinander. Zeithandeln ist nun individuelle Herausforderung, und ein entsprechender Beratungsbedarf hinsichtlich Zeitkompetenz und Zeitwohlstand wächst (Held u. Hatzelmann, 2005).

Zeit ist dort menschlich, wo ihr Zeitmuster rhythmisch erlebte Gegenwart ist. »Intensive Gegenwart, die etwas mit uns selbst zu tun hat, ist verstandene, artikulierbare Gegenwart. So dass man sagen könnte: Die Schule der Selbstbestimmung ist auch eine Schule gelungener Gegenwartserfahrung« (Bieri, 2014, S. 23 f.).

In Beratung, Psychotherapie und Philosophischer Praxis wird um Selbstbestimmung, Selbstwirksamkeitserleben gerungen – eine gemeinsam verabredete Uhrzeit bietet der Klient*in, der Patient*in bzw. dem Gast einen erlebbaren ZeitRaum, um Gelebtes, Ersehntes, Erlittenes reflektierend im Kontext der eigenen Biografie einzuordnen und das Selbst als Zentrum erzählerischer Schwerkraft zu nutzen (Thomä, 1998/2015). Lebensrhythmen, (das Weltganze) strukturierende rhythmische Ordnungen rücken in den Blickpunkt, um sich als »stabile Inseln in der Unendlichkeit nicht-strukturierter, ungerichtet-bewegter […] Energiefelder« (Cramer, 1990, S. 7) zu erweisen. Diese können orientierend wirken, wenn es darum geht, persönlichen Chaoserfahrungen standzuhalten und diese als Elemente des eigenen Lebensflusses anzunehmen. Bereits im Kontakt mit unserem Lebensrhythmus des Atems und Herzschlags lässt sich tragender Rhythmus erfahren und zur Selbstberuhigung nutzen.

Entschleunigung, Enthetzung und die Gabe der Zeit

Oft besuche ich Museen, denn in diesen Kunst-Räumen gehen die Uhren anders als in meinem kalendergesteuerten Alltag. Im Betrachten der Exponate geht es mir wie beim Lesen, ich bin Souveränin meiner Zeit. Kunst und Literatur eröffnen »Entschleunigungsoasen« (Rosa, 2019) im zunehmend beschleunigenden Lebenstempo des 21. Jahrhunderts, wo sich längst die messbare Zeit von der erlebten gelöst hat. Job, Besprechungen, Fitnessstudio, Arbeitsessen, Verabredungen, Kino – je voller der Tag, desto schneller ist er wieder vergessen. Es ist diese paradoxe Situation, dass beim Leben auf der Überholspur kaum Zeit für Ereignisse bleibt, die überdauernd in unserer Erinnerung ankern können. Und gelingt mir dann endlich ein Wandertag, spüre ich, wie Chronos rasch von Kairos abgelöst wird und sich meine erlebte Zeit in die Ruhe der Natur und ins Gleichmaß meiner Schritte hineindehnt, bis ich diesen Tag um vieles länger als die ihn umgebenden geschäftigen Tage erinnere.

»Das Ergebnis dieser Entwicklung ist eine Zeiterfahrung, bei der die Zeit gleichsam ›an beiden Enden‹ zu rasen scheint: Sie vergeht schnell im atemlosen Erleben, und sie schrumpft oder verschwindet in der Erinnerung« (Rosa, 2005). Es scheint uns, dass die Zeit rast. So bleibt sie uns fremd – erscheint geheimnisvoll und unberechenbar.

Und wieder landen wir bei der Frage und der selbst gegebenen Antwort von Augustinus. Bis heute arbeiten sich Schriftsteller*innen, Theolog*innen, Philosoph*innen an dieser Frage ab. Wen wundert es da, dass dieses Rätsel sich auch durch unseren Alltag zieht? Nachdenklich könnten wir uns mit Seneca fragen, ob es denn zu wenig Zeit ist, die wir haben, oder ob wir vielmehr viel zu viele Stunden nicht nutzen.

Wenn die neoliberale Politik sämtliche Zeitformen zerstört, die der Logik von Effizienz und des Kapitals im Wege stehen, dann ist es höchste Zeit für eine alternative Zeit: eine Zeit als

Gabe, fordert Byung-Chul Han (2016, S. 163) und meint damit Zeitformen, die Erfahrungen von Dauer und Tiefe ermöglichen. Deren Sinn stiftet eine eben diese Dauer (S. 166). Anders als übliche Erholungszeiten, die zur Regeneration der Arbeitskraft dienend lediglich doch nur ein anderer Modus von Arbeit sind, braucht es gelebte, erlebte, gefüllte Zeit mit Mitmenschen. Zeiten, die ich mir nehme, die ich gebe und die mir geschenkt werden. Zeiten, die sich Leistungsprinzipien und Effizienzmaßstäben entziehen, denn diese Zeiten in aufrichtiger Gemeinschaft sind gegenseitige Lebens-Geschenke. Dort nämlich lebt eine Zeit, die ich ganz selbstverständlich mit anderen teile und die das Flüchtige eine Weile lang im Sein festhält.

Die Zeit, in der ich dieses Buch schreibe, verwehrt in vielerlei Hinsicht diese Zeiten aufrichtiger Gemeinschaft. Wir unterliegen den strengen Regeln der Coronapandemie und eingeschränkten Kontaktmöglichkeiten. Gemeinschaftliche Inselzeiten sind spärlich und vielfach nur virtuell möglich. Und dennoch: In der Akzeptanz dieser Umstände kann sich gleichwohl der Kairos einstellen, etwa bei der Geburtstagsfeier meiner Freundin per Video. Wir hatten uns alle schön angezogen, jede hatte eine kleine gemeinsame Aktion vorbereitet, und abschießend tanzten wir sogar miteinander vorm Computer. Klar wäre es in echt und mit Anfassen prickelnder gewesen, doch den Möglichkeitsraum freudvoll zu nutzen, hat uns verbunden und alle begeistert.

Zeiten ändern sich – und ich?

Was machen denn diese schnelllebigen Zeiten mit mir und meiner Persönlichkeit? So fragt sich mancher Mensch bang, inwieweit er sich seiner selbst sicher sein und sich auf sich selbst verlassen kann. Das hat viel mit individueller Lebenszeit in der allgemeinen Zeit zu tun. Inwieweit bleibe ich dieselbe, auf die ich gesetzt habe, auf die es mir ankommt und auf die ich mich verlasse? Wandel der Zeit, wechselnde Umstände und Verwerfungen gesellschaftlichen Zusammenlebens wirken auf mein fragiles Selbst. »Es ist erstaunlich genug, dass es sich in der Regel trotz der vielfältigen Erlebnisse und Eindrücke überhaupt als dasselbe durchhält und nicht zerfällt, denn jede Wahrnehmung, jedes Fremdverstehen bedeutet, für einen Moment ein Anderer zu werden. Man wird zu dem, was man draußen wahrnimmt oder versteht. Diese alltägliche, ständige Metamorphose bleibt meist unbemerkt, doch sie findet statt« (Safranski, 2015, S. 45). Wir leben, sagt Luhmann (zitiert nach Uhle, 2022), in einem Zeitalter der zielvariablen Tempoideologie. Das Ziel ist egal, Hauptsache, man erreicht es schnell.

Finanzkrisen, verstanden als Krisen der Bewirtschaftung von Zeit, zeigen, in welchen verschiedenen Geschwindigkeiten wir leben, und sie entlarven, dass in derart rasanter Geschäftigkeit verantwortlich-unternehmerisches Handeln unmöglich ist. Geht es den einen um Sparbücher, Renten und private Finanzsicherheit, greifen derweilen die anderen rasch horrende Renditen ab. Alexander Kluge spricht in diesem Zusammenhang vom Angriff der Gegenwart auf den Rest der Zeit (Safranski, 2015 S. 82) und schließt darin den verantwortungslosen Umgang mit Umweltressourcen ein. Energievorräte sind fossile Stoffe und damit verdichtete Zeit, die von Industriegesellschaften in kürzester Zeit aufgebraucht und als Abfallmassen zurückgelassen werden.

Doch aktuell wird dieses Themenfeld aktiv politisiert und es werden Forderungen zur Nachhaltigkeit konsequent gestellt. Zeit zu lassen und Zeit zu gewähren, damit etwas in der Natur nachwachsen kann, schließt auch den Menschen mit ein. Denn Entschleunigung von Produktion, Konsum und Kommunikation ist überall dort Not-wendend notwendig, wo schädliche Nebenfolgen überwiegen und wo es um Synchronisierung öffentlichen Zeitmanagements mit individuellen Lebensrhythmen geht. Der Politiker Peter Glotz hatte seinerzeit prognostiziert, dass die Frontlinie der künftigen Kulturkämpfe in den westlichen Industriestaaten zwischen den Beschleunigern des digitalen Kapitalismus und den Entschleunigern verlaufen werde (Safranski, 2015, S. 116). Eine hoffnungsvolle Perspektive?

Die zyklische Zeit ist die organische Zeit. Wer sich auf sie einlässt, ist bereits dabei, den individuellen Lebensprozess zu transzendieren, indem er das befristete eigene Leben als Episode eines übergreifenden Lebensprozesses des Alllebens versteht.

Aus der Antike ist von dem griechischen Arzt Alkmaion überliefert: Die Menschen müssten deshalb sterben, weil sie es nicht gelernt haben, das Ende mit dem Anfang zu verknüpfen. – Wenn mir dies gelänge und ich das Ende meines Lebens als Anfang anderer, neuer elementarer Lebensrhythmen verstehen könnte, dann wäre meine jetzige Lebenszeit eingebettet in regenerative Lebensprozesse und ich wäre beteiligt an einer Zukunft ohne meine heutige Individualität.

Ein mögliches Fazit: Indem ich mir des ewigen Entstehens-Bestehens-Vergehens bewusst bin und damit meiner Vergänglichkeit und der meines Tuns, erkenne ich die Gegenwart als einzig erfahrene Wirklichkeit und erlebe mich im Gegenwärtigen des vollzogenen Augenblicks.

Die Stoiker stellten die Gegenwart als Grenze zwischen Vergangenem und Zukünftigem dar und gleichermaßen als ein Verhältnis zum eigenen Bewusstsein. Eine Konsequenz daraus ist eine wachsame, achtsame Haltung meinem eigenen Verhalten gegenüber, bis ich spüre, was die Stoa meint: dass nämlich Glück in jeder Gegenwärtigkeit bereits enthalten ist. Persönlich wie professionell: Zielen nicht auch viele unserer Interventionen darauf hin, die von uns Begleiteten an deren Kostbarkeiten gelebter Augenblicke zu erinnern und mit ihnen zurückliegende Gegenwarten zu erforschen, deren Kairos-Bedeutung bis in ihre aktuelle Trauer strahlt?

Impuls

Der Ökonom Jeremy Rifkin (1988) spricht von Gefahren der »Zeitghettos« und meint damit die Zeitabschnitte, die Menschen derart gefangen halten, dass es ihnen kaum möglich ist, ihr eigenes Leben befriedigend und sinnstiftend zu gestalten. Für Rifkin öffnet »Multitemporalität« ein Tor zum Verlassen dieser zeitlichen Verhaftungen; er bezeichnet damit eine Fähigkeit zum Loslassen, wenn der Druck vorüber ist, und ein Gespür dafür, welche der vielen zeitlichen Zwischenstufen in der jeweiligen Situation individuell angemessen ist.

Welche Bilder, Ideen, Impulse regt der Begriff »Multitemporale Kompetenz« in Ihnen an? Sammeln Sie alles, was sich meldet. Dann fragen Sie sich: »Was möchte ich damit tun?« (nicht: Was müsste ich tun?).

Krise – Leben in Vergänglichkeit

> *»Handeln ist das Gegenmittel zur Verzweiflung.«*
> *(Joan Baez; Quelle unbekannt)*

Psychologisch sprechen wir von einer Krise, wenn sich ein Mensch von aktuellen Herausforderungen überfordert fühlt. Wenn in seinem Erleben die eigenen Möglichkeiten bei Weitem nicht ausreichen, um das zu bewältigen, was das Leben ihm zumutet. Er sieht sich unzumutbaren und den eigenen Mut weit übersteigenden unbeherrschbaren Mächten ausgesetzt. Da sind Kräfte am Werk, denen er mit seinen Kräften nicht gewachsen ist. Das bisherige Leben trägt nicht mehr, Lebensentwürfe und Sicherheiten zerbrechen, Orientierungen gehen verloren, die persönliche Welt steht Kopf. Die Krise zeigt sich dem betroffenen Menschen im Auseinanderbrechen des bisher Vertrauten, auf das vertraut werden konnte, das vertrauensvoll und vertrauenswürdig erschien und ein Ausgangspunkt war, von dem aus er sich trauen konnte. Dieser Mensch erlebt sich in existenzieller Not.

Jetzt wird menschliches Sein in seinen Tiefen von Vergehen – Werden – Vergehen – Werden erlebt, in seiner Vergänglichkeit, in seiner Unverfügbarkeit und als großer, lebenslanger Transformationsprozess. So eine seelisch-existenzielle Erschütterung ist verbunden mit Identitätsverflüchtigung und Identitätsverlust: Der Mensch wird zum Zwischenwesen in einem ihm bisher unbekannten Land.

Fürs Überleben in diesem Land der Lebensgesetzlichkeiten sind wir Menschen grundsätzlich ausgestattet. Wir sind befähigt, unwiederbringliche Verluste zu betrauern und die mit dem Verlust verbundenen Veränderungen zu gestalten. Abschied zu nehmen, mitten im Leben! Ich mag dieses Wort »Abschied nehmen«, fügt es doch das Abtrennen, Abscheiden von nicht mehr Lebbarem mit dem Mitnehmen und Bewahren wertvoller Erinnerungen und Erfahrungen als das zusammen, um das es in einer Krise geht: an Veränderungen zu wachsen!

Das chinesische Schriftzeichen für Krise zeigt die Bildzeichen für Gefahr und für Möglichkeit nebeneinander. Seite an Seite begegnen uns Risiken und Chancen mit der Möglichkeit, aus Ende und Verlust etwas Neues zu entwickeln.

Michel de Montaigne (2015) meinte, philosophieren bedeute sterben lernen – und damit das Leben lernen. Rainer Maria Rilke (1923) führte dies in seinen »Duineser Elegien« lyrisch aus:

Uns überfüllts. Wir ordnens. Es zerfällt.
Wir ordnens wieder und zerfallen selbst.
Wer hat uns also umgedreht, daß wir,
was wir auch tun, in jener Haltung sind
von einem, welcher fortgeht? Wie er auf
dem letzten Hügel, der ihm ganz sein Tal
noch einmal zeigt, sich wendet, anhält, weilt –,
so leben wir und nehmen immer Abschied.

Abschiedlich leben: Was stellt die Philosophie an Kulturtechniken zur Verfügung, wenn uns die Anwesenheit des Abwesenden schmerzt, unsere Überzeugungen ins Wanken geraten und wir uns im ewigen Spiel des (alltäglichen) Wandels verorten müssen? Wenn wir uns der Endlichkeit widerstrebend entgegenstellen, schreiend: Ich bin dagegen! Nicht diesen Raub des mir Liebsten! Wenn die Ambivalenz des Lebens im Kontext der Vergänglichkeit nicht auszuhalten ist?

Epikur rät, sich nicht mit dem Tod zu befassen: »So ist also der Tod, das schrecklichste der Übel, für uns ein Nichts: Solange wir da sind, ist er nicht da, und wenn er da ist, sind wir nicht mehr« (Epikur, 1973, S. 40). Montaigne nimmt eine gegensätzliche Position ein, wenn er empfiehlt, sich den Zumutungen des

Endes bereits in den kleinen Abschieden des Lebens zu nähern und darin den Tod zu bedenken (Montaigne, 2015)

 Reflexion

> Was ist meine Position: Tod als größte Kränkung? Oder kann ich neben die Setzung *Tod als Scheitern* eine andere stellen – entgegen den Denkparadigmen der europäischen Kultur?

Mit Hartmut Rosa (2019) gefragt: Kann ich mich mit der Tatsache anfreunden, dass es Offenes, Unverfügbares zu jeder Zeit des Lebens gibt? Was hindert mich, mit dieser Verletzlichkeit des Lebens bewusst umzugehen und mit der Sorge um meine eigene Verwundbarkeit und Angreifbarkeit zu leben?

Dies mir zu vergegenwärtigen, könnte mir auch dabei helfen, selbst etwas zu beenden, das für mich nicht (mehr) förderlich ist, auch wenn mein Einfluss auf Lebensprozesse begrenzt ist. Dann könnte ich Gewissheiten und Sicherheiten in meinem Wissen loslassen und dennoch meinem aktuellen Wissen Bedeutung geben. Ich könnte »mich selbst unterbieten« (Marquard, 2015) und mich angesichts der generellen Befristung meines Lebens nun bewusst dem mir Bedeutsamen zuwenden – ohne zu meinen, mich beweisen zu müssen.

Menschen in und durch Krisen zu begleiten konfrontiert mit eigenen Verwundbarkeiten im aufmerksamen Mitschwingen mit der Not unseres leidtragenden Gegenübers. Wer kennt da nicht den Impuls, zu trösten und so vor dem Standhalten angesichts des Leids, das dieser Mensch uns zeigt, zu fliehen? Doch wie hilfreich kann das wirklich sein? »Und wenn der Mensch in seiner Qual verstummt, gab mir ein Gott zu sagen, wie ich leide«, heißt es in Goethes »Torquato Tasso«. Darum, dieses Wie auszudrücken, geht es dem leidenden Menschen, vor Zeugen die tiefste Fülle seiner Not zu klagen und allen billigen Trost als unerträglich trostlos zurückzuweisen. Lediglich der Trost der Untröstlichkeit könnte zählen und die Frage des Leidenden beantworten, ob wir mit ihm untröstlich sein können und es aushalten, wie er leidet. Genau das schafft oftmals die Umgebung eines Menschen, der sich durch die Tiefen seiner Krise müht, nicht, sondern versucht, tröstend etwas von den mitgefühlten Schmerzen mit trostspendenden Worten zu verringern. Doch das nimmt nichts vom Schmerz, sondern steigert ihn. Ein französisches Sprichwort sagt: Bei großen Schmerzen wirken Worte wie Fliegen auf einer Wunde. Und der Philosoph Gerd Achenbach (2014, S. 110) wagt die Behauptung, dass auf dieser weiten Welt mit Worten noch nicht ein Mensch getröstet wurde, viele jedoch auf diese Weise unterworfen und erst einmal mundtot gemacht wurden: »Gelang das Manöver, kehrte fürs erste Ruhe ein, was der Trost für diese Tröster war.«

Welcher Trost wird vorgebracht, um sich des Trostlosen zu erwehren? Trost entzweit; dem leidenden Mitmenschen beizustehen, vermag dagegen hilfreich zu sein.

Schopenhauer (2015) sieht im gemeinsamen Leiden am Ende des Lebens eine Verbindung zwischen Menschen, eine sinnstiftende Verbundenheit. Das hieße, Verletzlichkeit und Verwundbarkeit als Teil meiner Ethik und Haltung dem Leben gegenüber anzuerkennen, ohne Reduktion der Normalität. Es würde bedeuten, Teilaspekte von mir zu verabschieden, während ich weiterlebe und neue Lebensabschnitte mit eigenen Perspektiven fülle. Dann erkenne ich für mich: Philosophie heißt sterben lernen, meine eigene Zerbrechlichkeit anzuerkennen, bevor sie körperliches Erleben ist. Ich denke über Ereignisse im Noch-nicht und Nicht-mehr nach. Krise bedeutet dann, dunkle, untröstliche Seiten ins Leben zu lassen und diese neben all das Gute zu stellen. Ich erkenne, dass Leben nicht in linearen Phasen verläuft, sondern ich inmitten eines großen, sich zyklisch durchdringenden Miteinanders lebe.

Das verbinde ich mit der Hoffnung, inmitten aller Schwermut doch immer wieder gute Gründe fürs Hoffen zu finden, gerade in Zeiten von Angst, Furcht und Hoffnungslosigkeit. Ernst Blochs »Prinzip Hoffnung« (1954) bietet sich da als hoffnungsvolle Begleitung an, im Erleben von Begrenztheiten und Endlichkeit in befristeter Zeit.

Die Philosophin Martha Nussbaum (1998) lehnt das biologisch-anthropologische Axiom des Menschen als Mängelwesen (Gehlen) ab und betrachtet den Menschen als »Fähigkeitswesen«, als Wesen, das die Fähigkeit zu erfülltem Leben in der Vergänglichkeit besitzt. Und Hannah Arendt (1967, S. 16 ff.) sieht in der Natalität eine Grundfähigkeit menschlicher Existenz, die Menschen in die Lage versetzt, immer wieder neu anzufangen.

Nicht jeder Abschied verlangt Einverständnis, jedoch Einwilligung in eine weitere Zukunft und bereit zu sein für ein Anfangen von etwas, das noch unbekannt ist. Das erfordert Mut, die Dinge anzuerkennen und auch anzunehmen. Mut ist Angst in Bewegung (Bennent-Vahle, 2019). Mut heißt so verstanden, die Gegebenheiten in die Hand zu nehmen, nach vorn zu gehen, »im Tal des Jammers Flügel auszubreiten« (Susan Sontag, zitiert nach Rieff, 2009) und den Wert verbleibender, gegenwärtiger Zeit zu nutzen – für ein reiches, dankbares Leben, in dem wir Vergänglichkeit mitdenken. Dies ist kein einmaliger Entschluss, der einmal getroffen für alle Zeit gilt. Diese Art des Mutes muss wieder und wieder neu aufgerufen werden. Denn dieser Mut ist wachsende Sensibilität für tiefere Lebenseinsichten, ist Befragung des eigenen Lebens und seiner Neuorientierungen.

◉ Impuls

In einem seiner Fragebögen erforscht der Schriftsteller Max Frisch die Hoffnung (1992, S. 29 ff.) und befragt seine Leser*innen:

1. »Wissen Sie in der Regel, was Sie hoffen?
2. Wie oft muss eine bestimmte Hoffnung (z. B. eine politische) sich nicht erfüllen, damit Sie die betroffene Hoffnung auf-

geben, und gelingt Ihnen dies, ohne sich sofort eine andere Hoffnung zu machen?

3. Beneiden Sie manchmal Tiere, die ohne Hoffnung auszu-kommen scheinen, z. B. die Fische im Aquarium?

4. Wenn eine private Hoffnung sich endlich erfüllt: wie lange finden Sie in der Regel, es sei eine richtig gute Hoffnung gewesen, d. h. dass deren Erfüllung so viel bedeutete, wie Sie jahrzehntelang gemeint haben?

5. Welche Hoffnung haben Sie aufgegeben?

6. Wie viele Stunden im Tag oder wie viele Tage im Jahr genügt Ihnen die herabgesetzte Hoffnung: dass es wieder Frühling wird, dass Kopfschmerzen verschwinden, dass etwas nie an den Tag kommt, dass Gäste aufbrechen usw.?

7. Kann Hass eine Hoffnung erzeugen?

8. Hoffen Sie angesichts der Weltlage:
   a. auf Vernunft?
   b. auf ein Wunder?
   c. dass es weitergeht wie bisher?

9. Können Sie ohne Hoffnung denken?

10. Können Sie einen Menschen lieben, der früher oder später, weil er Sie zu kennen meint, wenig Hoffnung auf Sie setzt?

11. Was erfüllt Sie mit Hoffnung:
    a. die Natur?
    b. die Kunst?
    c. die Wissenschaft?
    d. die Geschichte der Menschheit?

12. Genügen Ihnen private Hoffnungen?«

Selbstsorge – Ressourcen, Kräfte, Potenziale

>»Es ist gut denkbar, dass die Herrlichkeit des Lebens um
jeden und immer in ihrer ganzen Fülle bereitliegt, aber
verhängt, in der Tiefe, unsichtbar, sehr weit. Aber sie liegt
dort, nicht feindselig, nicht widerwillig, nicht taub. Ruft
man sie beim richtigen Namen, dann kommt sie. Das ist
das Wesen der Zauberei, die nicht schafft, sondern ruft.«
(Franz Kafka, zit. nach Hirsch, 2013, S. 71)

Wir hätten weder als Menschheit noch individuell überlebt,
wären wir nicht ausreichend mit Fähigkeiten, Fertigkeiten und
Potenzialen ausgestattet, um uns im beständigen Wandel des
Lebens zu bewegen, mitzuwachsen und als eigener Mensch zu
reifen. Diese Grundausstattung, die sich mit den Herausforderungen des Lebens immer weiter ausgestaltet, die uns ermöglicht, den unterschiedlichsten Gegebenheiten zu begegnen, diese
(mit) zu gestalten und an ihnen zu wachsen, ist ein unvorstellbar umfangreiches Repertoire an unterschiedlichen Ressourcen.

In Krisenzeiten verlieren Menschen oft den Zugang zu ihren
Ressourcen, fühlen sich in der Situation ohn-mächtig, also ohne
Einflussmöglichkeit ausgeliefert. Dann übernehmen mitunter
Professionelle es vorübergehend, auf persönliche Fähigkeiten
und resiliente Prozesse zu vertrauen – so lange, bis die von ihnen
begleiteten Menschen wieder den Kontakt zu ihren Lebenskom-
petenzen zurückgewinnen.

Für uns Professionelle sind die Begleitungen in Trauerprozes-
sen und Lebenskrisen immer eine Begegnung mit der eigenen
Verletzlichkeit. Das nehmen wir aktuell mehr, weniger oder gar
nicht wahr, doch spätestens in der nachgehenden Reflexion ist
zu erkennen, dass uns die eine oder andere Lebensfrage anrührt,
dass wir manche Überlegungen als unseren eigenen ähnlich
erkennen oder dass uns vielleicht das abgrundtiefe Leid, dem

wir begegnen, erschüttert. Wir haben gelernt, damit für uns passend und gut umzugehen, und sehen diese Einblicke in fremde Biografien überwiegend als persönlichen Gewinn.

Doch es kommt auch anders, dann, wenn nicht mehr ich auf mein Gegenüber eingehe, sondern dieser Mensch mich mit seinem Anliegen besetzt und ich mich dazu verhalten muss. Mitunter erschrecken uns auch Parallelen, wie etwa diese verzweifelte Frau, die im Alter meiner Tochter ist – was, wenn so etwas in unserer Familie passiert? Wenn sich mir meine professionelle Ebene entzieht und ich mich im eigenen Film wiederfinde, eigene Erinnerungen mich derart ergreifen, dass ich den Kontakt zu meinem Gegenüber verliere? Oder wenn mich das Mitleid packt?

Aristoteles (2019, 1385b) beschreibt Mitleid »als eine Art Schmerz über ein anscheinend leidbringendes Übel, das jemanden trifft, der es nicht verdient, ein Übel, das erwartungsgemäß auch uns selbst oder einen der Unsrigen treffen könnte […]. Denn es ist klar, dass derjenige, der Mitleid empfinden soll, gerade in einer solchen Verfassung sein muss, dass er glaube, er selbst oder einer der Seinen würde ein Übel erleiden […]. Ferner haben wir Mitleid mit denen, die uns bezüglich Alter, Charakter, Gewohnheiten, sozialer Stellung und Herkunft ähnlich sind«. Es ist zumindest partiell erforderlich, sich mit dem Menschen zu identifizieren, mit dem man Mitleid empfindet, und diese Identifikation drängt dazu, die eigene Verletzlichkeit in den Blick zu nehmen.

Wir sollten hier unterscheiden zwischen Mit-Leid, wenn wir in Mitleidenschaft gezogen werden, und Mit-Gefühl, das Anteilnahme und soziale Zugewandtheit meint. Wie können wir dieses ethische Gefühl kultivieren und gleichermaßen Überforderung reduzieren? Jetzt sind unsere eigenen Ressourcen angesprochen, unter anderem, welche Einstellung wir zu Schicksalhaftem, zu Herausforderungen und Lebenserfahrungen haben, welche Haltung wir dazu entwickeln und wie wir uns bei all dem um uns selbst kümmern.

Reflexion

(Wann) erlebte ich Brüchigkeiten der Welt und Mich-fremd-Fühlen in ihr?

Wie und eventuell mit wessen Hilfe gelang es mir, die Lampe höherzuhängen, meine Situation breiter auszuleuchten und einen weiteren Horizont zu erfassen?

Für Menschen, die Menschen durch krisenhafte Wendezeiten begleiten, stellen sich diese und ähnliche Fragen häufiger als in anderen Berufsfeldern, sie gehören eigentlich in die Arbeitsplatzbeschreibung. Und ebenso sollte dort aufgeführt sein, dass es für diese Tätigkeit unverzichtbar ist, sich fürsorglich um sich selbst zu kümmern. Es geht also um eine aufmerksame Selbstbeziehung, die der Philosoph Wilhelm Schmid als »mit sich selbst befreundet zu sein« bezeichnet, als »Sorge um ein maßvolles Selbstverhältnis, das in der Lage ist, das Selbst zu festigen und zu anderen hin zu öffnen« (Schmid, 2007, S. 16).

In unserer Zeit, der sogenannten Postmoderne, sind wir in einem Maße auf uns selbst verwiesen, das vorherige Generationen unseres Kulturkreises so nicht kannten. Lebensentwürfe und sinnstiftende Orientierungen wählen wir individuell und weitgehend gelöst von religiösen, politischen, ökologischen, ökonomischen und sozialen Beziehungen. Vieles ist uns möglich, von dem vor hundert Jahren die Menschen nicht einmal träumen konnten. Eine rasante Entwicklung bisher kaum vorstellbarer Möglichkeiten und weltweiter Verflechtungen fordert uns heraus, unser Leben aktiv-selbstbestimmt zu gestalten. Das erleben wir streckenweise als mühevoll und in anderen Zeiten als bereichernd und erfüllend. Pendelnd zwischen dem Wunsch nach Wiederherstellung mancher alten Zusammenhänge und stimulierenden Vorwärtsbewegungen in neue Räume bilden wir unsere Gegenwart, und »mit all den unvermeidbaren Widersprüchen und Konflikten, die das nach sich zieht, versuchen

[wir], die Existenzform vorwegzunehmen, die die eigentlich richtige wäre« (Adorno, nach Schmid, 2007, S. 14).

Auf sich achtgeben ist eine Selbstverpflichtung, der angesichts herausfordernder Aufgaben, eindrucksvoller menschlicher Begegnungen, außergewöhnlicher Belastungen oder Drucksituationen besondere Bedeutung zukommt.

Um Desillusionierung und Überforderungsreaktionen oder gar Burn-out zu vermeiden, können wir all unser Wissen und unser Engagement, das wir den Menschen, die wir begleiten, und deren Zugehörigen zukommen lassen, auch für uns selbst nutzen. Unsere jeweilige Qualifizierung sensibilisiert für Aspekte von Lebensqualität, vermittelt Handlungsfähigkeit in komplexen Situationen und verweist auf die wesentlichen Dinge individueller Lebensgestaltung. Diese Kompetenzen sollten wir so großzügig für uns selbst einsetzen wie für die Menschen, die sich unserer Profession anvertrauen. Und wenn wir in unserer Arbeit selbstverständlich Angehörige und Zugehörige mit einbeziehen, warum dann nicht auch mit aufmerksamem Blick auf die uns bedeutsamen Bezugspersonen achten?

Wir allein sind für uns verantwortlich, denn wenn wir nicht auf uns achten, wer sollte es dann tun? Unbestritten gibt es daneben die unerlässliche Fürsorgepflicht der Arbeitgeber, doch die erlässt uns nicht unsere Selbstfürsorge. Von uns und unseren Kolleg*innen, so wir in einem Team arbeiten, erfordert dies den aufmerksamen Blick auf uns selbst ebenso wie auf das alltägliche Zusammenspiel im Team. Was gibt mir Halt? Was trägt mich und gibt mir Unterstützung? Denn all das, was für unser persönliches Dasein sinnstiftend ist, stabilisiert uns (Müller, 2014).

Ein solch individuelles, eigenverantwortliches Handeln kompetenter Selbstfürsorge bedeutet nicht, sich rücksichtslos durchzusetzen. Ganz im Gegenteil strebt es nach einer Balance zwischen Geben und Nehmen, Rollenidentifikation und Rollendistanz, Fremdbestimmung und Selbstbestimmung. Damit ist der

Begriff Selbstsorge der Gegenbegriff zu Burn-out, denn gelingt diese Balance nicht, steigt die Wahrscheinlichkeit für Erschöpfung und Überforderung. Selbstbestimmung stellt sich nicht von selbst ein, vielmehr ist es eine ernsthafte und beharrliche Arbeit an sich selbst. Ein beständiger individueller Wachstumsprozess, in dem wir uns als verantwortlich handelndes Wesen erleben.

Der Begriff der Selbstsorge des französischen Philosophen und Soziologen Michel Foucault (1986; 1926–1984) bezieht sich auf die Philosophie der Antike, die Selbstsorge als zentralen Aspekt der Lebenskunst ansah. Und diese hob hervor, dass insbesondere Menschen, die andere Menschen führen, nur dann dazu legitimiert seien, wenn sie in der Lage seien, sich verlässlich selbst zu führen. Fürsorge umfasst also Selbstführung, Selbstsorge und Fremdsorge gleichermaßen, die sich in lebendiger Wechselseitigkeit gegenseitig durchdringen. Kompetente begleitende, professionelle Zuwendung pendelt daher beständig zwischen Selbstverantwortung und Fremdverantwortung, ist mal weniger im Gleichgewicht und dann wieder mehr in Balance.

Selbstsorge meint eine allgemeine Einstellung, die Eigenverantwortung und Kompetenz betont. Sorge um eigene Ressourcen steht nicht mehr im Widerspruch zur Förderung von anderen Menschen. Vielmehr gilt die These: Wer gut für sich sorgt, kann auch andere Menschen besser in deren eigenverantwortlicher Gestaltung ihres Lebens unterstützen (Brentrup u. Geupel, 2012).

Das Konzept der »Sorge um sich« ist ein Gegenbegriff zu Überlastung und Burn-out. Es rückt die Möglichkeiten eines Menschen, seine Kraftquellen, Ressourcen und deren Entwicklung in den Mittelpunkt. »Le souci de soi« ist ein zentrales Thema von Michel Foucault (1986), das Haltungen und Verhaltensweisen von Menschen bezeichnet, die ihr Leben selbstbestimmt gestalten. Im beständigen Prozess der *Selbstformung* entwickeln sie ihren eigenen Lebensstil, gestalten ihn kontinu-

ierlich aus zu einer eigenen, unverwechselbaren Existenz. Diese
ganzheitliche Selbstsorge umfasst alle Bereiche des Menschseins,
von Ernährung und Körperpflege über Wissenserwerb, Bezie-
hungsgestaltung und Arbeit bis hin zur Haltung dem eigenen
Tod gegenüber.

Wir entfalten unsere Potenziale, indem wir uns ins Leben
stellen, es mit dessen Herausforderungen aufnehmen und unserem inneren Kompass folgen. Ein uraltes Symbol eines solchen
Lebenswegs ist das Labyrinth. Es vollzieht in seiner Linienfüh-
rung die Wendepunkte nach, in denen Leben umschlägt. Und
es zeigt, dass Lebenswege selten gradlinig verlaufen und doch in
ihrer Gesamtheit eine sinnvolle Einheit bilden. In vielen Kulturen findet sich das Labyrinth als Symbol persönlicher Entwicklung im ureigenen Lebensraum.

Wir alle tragen ein Bild in uns, wie wir sein möchten und
wohin wir uns entwickeln sollten. Es leuchtet als innerer Leitstern, an dem wir uns orientieren, ein Ideal, an dem wir unser
Verhalten messen, ein Kompass durchs Lebenslabyrinth. So ein
Ideal ist ein Leitbild, das wir anstreben, wohl wissend, dass wir
es nicht täglich erreichen. Mit dieser Diskrepanz von idealem
Selbst und dem real Möglichen verstehen wir zu leben. Vielleicht ist sie uns Ansporn oder wir finden uns vorerst mit unserer Unzulänglichkeit ab.

Bleibt dieser Unterschied zwischen realem und idealem Selbst
zu lange bestehen, wird er als zu groß empfunden oder erleben wir unsere Lebensziele als unerreichbar, dann kann diese
Erkenntnis derart schmerzhaft sein, dass Selbstschutzmechanis-
men einsetzen. Unsere Identität ist bedroht, und sofort übernehe-
men es die sogenannten Abwehrmechanismen, dieses gefähr-
dete Selbst in irgendeiner Form zu stabilisieren. Dann macht
sich vielleicht ein Mensch in übersteigerter Weise von seinen
äußeren Erfolgen abhängig und definiert sich im Glanz hervor-
ragender Leistungen überproportional mit seinen beruflichen

Funktionen. Ein anderer kann die Qualität seiner Arbeit nicht mehr aufrechterhalten und macht seine Umgebung dafür verantwortlich.

Gelingt es uns jedoch, immer wieder den Kontakt mit unserem inneren Wertesystem aufzunehmen und uns davon leiten zu lassen, erfüllt sich eine zentrale Funktion von Selbstsorge. Wir stellen uns so gut wie möglich den Anforderungen, die an uns gerichtet sind. Wir sind in der Lage, zu entscheiden, was in der Situation notwendig zu tun ist, und sind bereit, das Nichtmögliche zurückzuweisen. Wir wachsen an unseren Aufgaben, indem wir uns Schritt für Schritt damit auseinandersetzen. So verbinden sich unser Selbst und unser Ich, Identität und Professionalität schwingen zusammen. Es gelingt, unsere verschiedenen Lebensbereiche immer wieder in Einklang zu bringen und das berufliche mit dem privaten Leben sinnstiftend zu verzahnen.

Der amerikanische Wissenschaftler Jon Kabat-Zinn (geb. 1944) engagierte sich dafür, die Achtsamkeitspraxis in Medizin und Gesellschaft einzuführen, und entwickelte ein ausschließlich auf Achtsamkeit basiertes Therapiekonzept: Mindfulness Based Stress Reduction (MBSR). Dessen Ansatzpunkt liegt in der Prävention und der alltäglichen Lebensführung. Es formuliert sieben Leitkriterien zur Stärkung der Achtsamkeit sich selbst und anderen gegenüber (Kabat-Zinn, 2011, S. 18):

- *Nicht beurteilen:* Sich selbst ein weitgehend neutraler Beobachter sein. Die eigenen Erfahrungen mit Abstand betrachten, sie weniger beurteilen und nicht vorschnell darauf reagieren.
- *Geduld:* Wissen, dass jedes Ding seine eigene Zeit hat und sich entfaltet, sobald der richtige Moment dafür gekommen ist.
- *Den Geist des Anfängers bewahren:* Innere Einstellung der Offenheit, die bereit ist, alles so zu betrachten, als wäre es das erste Mal.

- *Vertrauen:* In die eigene innere Wahrheit, in die Signale des Körpers, in Intuition und tiefes inneres Wissen.
- *Gegenwärtigkeit:* Konzentration auf den Augenblick, sich verbinden mit der Gegenwart des Hier und Jetzt.
- *Akzeptanz:* Bereitschaft, sich anzunehmen, Menschen und Geschehnisse unvoreingenommen zu betrachten und sich so frei wie möglich von eigenen Interpretationen zu halten.
- *Loslassen:* Jede Erfahrung zulassen, so wie sie ist, und sie darin zu akzeptieren.

Wenn wir jeden Tag eine Zeitlang in Stille verweilen und nach innen schauen, treten wir mit dem in Kontakt, was in uns selbst am ursprünglichsten und zuverlässigsten ist und was am leichtesten übersehen und gewöhnlich nicht entwickelt wird. Dieses achtsame Gewahrsein in möglichst allen Lebensbereichen beginnt bereits beim bewussten Atmen und aufmerksamen Gehen, Sitzen, Stehen. In dieser aufmerksamen Bewusstheit alltäglicher Verrichtungen entwickelt der übende Mensch zunehmend Energie, Vitalität und eine wachsende Akzeptanz seiner selbst. Er ist mit sich selbst in Kontakt bzw. stellt diesen immer wieder her.

Selbstwertgefühle sind keine Selbstläufer. Sie gedeihen im engen Zusammenhang mit Lebenszufriedenheit, Wohlbefinden, engagiertem Sich-Hineinstellen ins Leben und in die Welt. Getragen von achtsamer Haltung sich selbst und Aufmerksamkeit der Umgebung gegenüber, wächst Selbstwertempfinden im Einverständnis mit den eigenen Möglichkeiten und persönlicher Kraft.

Die eigene Kraft zu erhalten bedeutet, alles in meiner Macht Stehende einzusetzen, um aufmerksam und selbstverantwortlich zu leben. Es umfasst auch, sorgsam mit den eigenen Bedürfnissen, Gefühlen, Fähigkeiten und Ressourcen umzugehen und mich selbst so gut zu behandeln wie die Menschen, die ich liebe. Dafür können wir den erprobten und wissenschaftlich belegten

Zugang von Jon Kabat-Zinn nutzen und uns von dessen Acht-
samkeitskriterien zum regelmäßigen Üben anregen lassen. Denn
»Achtsamkeit kann uns unendlich viel geben. Sie vermag unser
physisches, psychisches und geistiges Wohlbefinden zu stärken.
Sie ist ein Quell wahren Bewusstseins« (Kabat-Zinn, 2011, S. 34).

Dieser Ansatz aufmerksamen Umgangs mit sich und anderen
darf jedoch nicht mit Forderungen wie »Optimiere dich selbst!«
und anderen Selbstmanagementerwartungen verwechselt werden, die viele Mitarbeiter*innen an ihrem Arbeitsplatz erleben.
Selbstschutz erfordert stützende Rahmenbedingungen, im Team
und im Rahmen organisationaler Strukturen.

Lebensprobleme sind Fragen an die individuelle Existenz.
Der Philosoph Søren Kierkegaard geht in seiner Philosophie
von der Verzweiflung als der Grundstimmung des Menschen aus.
Dass ausgerechnet Humor bei ihm entscheidend für ein erfüll-
tes Leben ist, mag auf den ersten Blick überraschen. Ohne hier
weiter auf seinen Ansatz der Existenzstufen und Lebensformen
einzugehen, sei ein Gedanke daraus hervorgehoben: Wenn der
Mensch erkennt, dass sein Sein nicht über allem steht und seine
Existenz zerbrechlicher und abhängiger als gedacht ist, versucht
er, es *mit Humor* zu nehmen.

Sich der eignen Kleinheit bewusst zu sein, ohne sie abzu-
werten, und sie dennoch dem unendlich Großen und einem
übersinnlichen Bezugssystem gegenüberzustellen, ist komisch,
weil es absurd erscheint. Sich der eigenen Winzigkeit zu stellen,
ohne sich deswegen als unbedeutend zu erleben, ist für Kierkegaard eine existenzielle Leistung. Humor ist Ausdruck dafür,
dass Leben *trotz alledem* möglich ist und im Respekt vor der
Eigenwertigkeit gelingen kann. Darin besteht der Unterschied
zur Entwertung und Unterwerfung angesichts der wahrgenom-
menen Nichtigkeit. Humor ist die Brücke zu einem Selbstverständnis, das nicht nur in sich selbst gründet, sondern sich in
Beziehung setzt zu dem, was uns Menschen übersteigt. Humor

ist so gesehen die Einwilligung, sich haltgebenden Strukturen größerer Lebenszusammenhänge zu überlassen.

Humor heißt auch, der Angst ins Gesicht zu lachen. »Humor ist eine Trotz-Macht, ein Gegenspieler der Angst«, sagte Viktor Frankl (2013), lernte mit etwa siebzig Jahren klettern und erklärte sinngemäß: »Ich lasse mir von meiner Angst doch nicht alles gefallen!«

Es erscheint paradox, sich dem freiwillig zuzuwenden, was Angst macht. Doch gerade das führt dazu, dass Angst und Furcht weniger werden. Sie kennen Herrn Tur Tur, den Scheinriesen aus Michael Endes Kinderbuch »Jim Knopf und Lukas der Lokomotivführer«? Herr Tur Tur ist riesengroß, doch nur, solange er weit weg ist, und er wird immer kleiner, je näher man ihm kommt.

Paradox setzt sich zusammen aus »doxa« (griech.: Ansicht), als die Sichtweise, die wir uns auf die Dinge bilden, die Ahnungen und Meinungen, die ein Mensch von sich hat und die andere von ihm haben. »Para« (griech.: daneben) ist die weite Realität, in der ein Mensch nur als kleiner Teil vorkommt. Sie ist mächtiger als meine und stellt damit mein Bild infrage. Arbeit mit Paradoxen kann helfen, die eigene Meinung zurückzustellen und die Welt (wieder) (anders) zu sehen, nämlich als einen heilsamen Dialog, der die Einseitigkeiten meiner subjektiven Sicht aufzuweichen vermag. »Aller höhere Humor fängt damit an, daß man die eigene Person nicht mehr ernst nimmt« (Hermann Hesse, 1927/1974, S. 227). Humor ist eine Widerstandskraft und resiliente Fähigkeit.

Ein Patient fragt seinen Arzt: »Wie lange habe ich noch zu leben?« – Der Arzt: »Bald ewig.« Humor ist auch körperlich wirksam: Über achtzig Muskeln sind beteiligt, wenn ein Mensch lacht, was anregend für Atmung, sympathisches Nervensystem, Blutkreislauf und Verdauung ist. Im Humor löst uns der Überraschungseffekt von der schweren Realität, befreit von persönlicher Last, indem er ruckartig ent-lastet, sie leichter werden lässt.

So trägt er zur Erleichterung bei und fördert, dass wir uns unser Leben engagiert nehmen. Bereits das Lächeln aus Verlegenheit nimmt ein wenig von einer peinlichen Situation.

Witz ist eine geistreiche Überspitzung schmerzhafter Kontraste, um diese zu karikieren, wie beim Einarmigen, der sich nach einem Second-Hand-Laden erkundigt. Das Komische lebt aus Kontrasten herausfordernder oder belastender Situationen. Und Ironie entsteht aus Verstellungen, um Kontraste zu schaffen, und daraus, aus scheinbarer Unwissenheit auf bestimmte Aspekte hinzuweisen, beispielsweise wenn Sie Ihren Zwergpinscher »Wotan« nennen.

Humor führt all diese Formen weiter bis zum spielerischen Umgang mit den Gegebenheiten. Getragen von der Stimmung, das Leben nicht so ernst zu nehmen, wie es sich gibt, ist Humor eine Haltung praktizierter Lebensfreude und gespeist von einer freudigen Beziehung zum Leben. Um es mit Woody Allen zu sagen: »Ich habe nichts dagegen, zu sterben. Ich will nur nicht dabei sein, wenn es passiert.«

Statt vor der Angst davonzurennen – sich ihr stellen, aufsuchen statt meiden! Frech werden und die Angst mit langsam aufkeimendem Mut herausfordern. Todesmutig werden heißt dann: lebensmutig sein!

Phobien entstehen aus Erwartungsangst. Eine Erfahrung hatte uns erschreckt, hat Angst erzeugt. Die Angst vor der Wiederholung dieser Erfahrung ist die Angst vor der Angst, die zunehmend Spannung erzeugt und damit diese Angst so verstärkt, dass sie zum Symptom wird. Manchen dieser Angstdynamiken lässt sich mittels paradoxer Interventionen entkommen, indem ich das humorvoll umdeute, was ich partout verhindern möchte. Mir genau das vorzunehmen, vor dem ich Angst habe, heißt den Stier bei den Hörnern zu packen und die »Trotz-Macht des Geistes« (Viktor Frankl) zu mobilisieren. Ich kann opponieren und brauche mir nicht alles gefallen zu lassen, auch nicht von mir selbst. Humor wirkt hier selbst-distanzierend, ermöglicht er doch, Herausforderungen ironisch oder gar heroisch entgegenzutreten. Das gibt Hoffnung!

An dieser Stelle verbinden sich Humor und Hoffnung, und beide erweisen sich als Geschwister. Denn wir müssen und können in unserer Realität leben und nicht gegen sie. Akzeptieren des Gegebenen, der damit verbundenen Fakten, der Bedingungen schließt immer auch die Möglichkeit des Scheiterns mit ein. Es gibt keine (Erfolgs-)Garantien, doch es besteht immer die Hoffnung, aus gescheiterten Situationen aufzustehen, sie zu überleben und resilient daran zu wachsen.

Die Kunst des Lebens besteht darin, mich hoffnungsvoll dem überlassen zu können, was nicht von mir machbar ist. Dieses Annehmen schafft verlässlichen Boden und gibt eine Stabilität, um eben diese Stabilität zu prüfen. Ich kann es nicht ändern. Ich muss mit dem Tod im Leben leben, nicht dagegen. Mit dieser aktiven Einstellung finde ich aus erlebtem Opfersein heraus und finde wieder ins Handeln. Ich bin nicht die Angst, ich kann mich von ihr distanzieren.

Angst lässt sich umformulieren, und statt mich davor zu fürchten, nicht einzuschlafen, nehme ich mir vor, die ganze Nacht wach zu bleiben, mich selbst mehr kennenzulernen und mir interessante Dinge zu notieren. Dass deshalb die Prüfung am nächsten Tag schiefgeht, kann ich riskieren. Ich habe ja Mut zum Scheitern.

Und ein amerikanisches Sprichwort sagt: »Angst klopft an die Tür. Vertrauen öffnet, und niemand ist dort.«

Impuls: Das Labyrinth

Das Labyrinth ist ein Lebens- und Wandlungssymbol, ein Symbol der Selbstwerdung, das die Qualität des Weges und Umwegs hervorhebt, im Sinn von: etwas *umgehend betrachten, damit umgehen, wandeln.*

Ein sich ständig wendender, kreuzungsfreier Weg bietet keine Wahlmöglichkeiten, sondern führt pendelnd näher und weiter vom Mittelpunkt entfernt vom Eingang ins (Erfahrungs-) Zentrum, den Temenos, und von dort auf demselben Weg zurück. Als Gegenpol zur Gradlinigkeit ist das Labyrinth eine Metapher für den dynamischen Lebensraum, in dem niemand verloren gehen kann.

Vom Irrgarten unterscheidet sich das Labyrinth grundlegend, denn ein vorgegebener Weg mäandert ins Zentrum und zurück ohne die Sackgassen und Seitenwege, die den Irrgarten kennzeichnen.

Wenn dieser persönliche Raum nicht ausreichend gelebt und erlebt werden kann, entfremdet sich der Mensch von sich selbst. Im Bild des Labyrinths hieße das, er bleibt einem Wegabschnitt verhaftet, reibt sich dort auf und kommt nicht von der Stelle. Dann fragt er sich vielleicht, wozu all seine Aktivitäten denn eigentlich nützlich sind, worin deren Bedeutung liegt und worin sein eigener Lebenssinn bestehen mag. Zu diesem Zeitpunkt ist sein Selbst gefährdet, denn das Selbstgefühl ist brüchig geworden, der Selbstwert infrage gestellt und der zentrale Kontakt zu sich selbst unterbrochen.

Noch eine Anregung: Kennen Sie in Ihrer Umgebung ein begehbares Labyrinth? Falls nicht, werden Sie vielleicht hier fündig: http://www.begehbare-labyrinthe.de/index.php?screen_width=1440&screen_height=839

Doch auch zu Hause lässt sich das Labyrinth erobern, indem Sie in einer Vorlage, und auch hier sei noch einmal aufs Internet verwiesen, deren Linien nachzeichnen.

Ich – selbstbestimmt leben

>*»Auf die Frage ›Wer?‹ antworten heißt,*
die Geschichte eines Lebens erzählen.«
(Paul Ricoeur, 1991, S. 395)

Der Tempel von Delphi mahnt: »Erkenne dich selbst.« Erkenne die Bedingungen, die Möglichkeiten und die Grenzen, mit denen du zu leben hast, erkenne sie an und nutze ihre Spielräume, um deine besten Eigenschaften individuell und gesellschaftlich zu verwirklichen. Sigmund Freud (1930/2010) verwendete in diesem Zusammenhang den Begriff der Lebenskunst als einer Wahl der Lebensgestaltung, die jedem Menschen obliegt. Die »Technik der Lebenskunst« und die »gewählte Lebenstechnik« ermöglichen es, sich in der Realität zu bewegen und »Glück« anzustreben, das bereits bedeuten kann, dass Unglücksgefühle ausbleiben (Freud, 1930/2010, S. 65). Entsprechend unterstützt die von Freud entwickelte Therapieform der Psychoanalyse Menschen darin, ihr Leben als ein vom Selbst gestaltetes Kunstwerk zu begreifen und gestaltend zu ergreifen.

Der Neurologe Antonio R. Damasio sieht es als Leistung des Bewusstseins, dass es dem menschlichen Selbst möglich ist, »die Kunst des Lebens zu verfeinern«. Er ordnet diese Fähigkeit im evolutionären Entwicklungsprozess ein, »weil die Kunst des Lebens einen Erfolg der Naturgeschichte darstellt« (1999, S. 34).

Welch ein großartiger Gedanke, als Einzelne generationsübergreifend in eine Verfeinerung der Lebenskunst eingebunden zu sein. Das gefällt mir, lockt mich heraus, mir mein aktuelles Alltagsleben vorzulegen, um es unter diesem Blickwinkel zu betrachten und eventuell anklopfenden Veränderungsimpulsen nachzugehen. Mir ist klar, dass es nicht darum geht, mein Selbst zu perfektionieren, daraus würde ohnehin nichts. Jedes Verbessern birgt in sich auch das Potenzial, zu verschlechtern, und so

bleibt es wohl noch für viele weitere Generationen ein wechsel-
volles Hineinleben ins individuell wahrgenommene gute Leben.

 Reflexion

> Welche Erfahrungen meiner Eltern haben mich so nachhaltig
> geprägt, dass ich sie noch heute erinnere?
> Welche davon lehne ich für mein Leben in ihren Konse-
> quenzen ab? An welchen Erfahrungen orientiere ich mich noch
> heute? Welche davon sind mir besonders nützlich?

Diese Selbstgestaltung erfordert eine grundsätzliche Selbstver-
fügung, »den Gewinn von Macht über sich selbst, um den sich
das Selbst bemüht« (Schmid, 2007, S. 103). So eine Macht, verstanden als Gestaltungsfreude von erlerntem Können, genutzten
Fähigkeiten, erworbenen Fertigkeiten, will eingeübt und ange-
wöhnt bzw. trainiert sein. Die griechische »áskêsis« der Antike
bezeichnet solch ein vorsätzliches Üben, mit dem der Mensch
sich durch immer selbstverständlicher werdendes wiederholen-
des Einüben das Angestrebte zu eigen macht, sich als Teil seiner
Persönlichkeit aneignet. Wir alle wissen, dies geht nicht ohne
Selbstüberwindung, ohne die Überwindung all der behindern-
den, skeptischen, ablehnenden Persönlichkeitsanteile, die sich
guten Vorsätzen kraftvoll entgegenstellen. Es funktioniert also
nicht ohne inneres Machtspiel. Und es sind einfache, alltäg-
lich-banale Übungen, die in der Auseinandersetzung allmählich
wirkungsvoll die gewünschte Oberhand gewinnen. Asketik ist
bis heute ein Ansatz der Selbstüberwindung und Selbstermäch-
tigung für erweiternde selbst gestaltete Lebensmöglichkeiten.
    Selbstgestaltung ist also ein beständig-prozesshaftes Rin-
gen all der Persönlichkeitsanteile, sogenannter Ego States, die
sich aufgerufen fühlen, beim jeweiligen Thema mitzumischen,
geleitet von dem Ziel, die erwünschten wie die widerständigen
Aspekte in einem kohärenten Selbst zusammenzufügen, einem

Selbst, das befremdliche Anteile, Widersprüchlichkeiten und Unvereinbares erträgt, statt sie abzuspalten. Auf diese Weise entwickelt sich unsere Integrität als »Zusammenfassung des Auseinanderstrebenden, eine Leistung des integralen Selbst, desjenigen Selbst im Selbst, das sich mit umfänglichem Blick um die Gesamtheit des Selbst sorgt« (Schmid, 2007, S. 108).

Beständig und lebenslang kultivieren wir unser eigenes persönliches Ich im Wechselspiel mit unserem sozial-gesellschaftlichem Verhalten: »Sei du der Wandel, den du dir wünschst« (Mahatma Gandhi). Unsere Selbstdefinition und Selbstidentifikation ändern sich dabei allmählich und erweitern selbstgestaltend unser Kern-Selbst – merkliche und unbemerkte geheimnisvolle Metamorphose meiner Selbstvergewisserung in beständiger Verfeinerung meiner selbst.

Die Philosophin Hannah Arendt entwickelte in einem offenen Dialog mit der Moralphilosophie Immanuel Kants die Grundlage einer Ethik der wahren Selbstbestimmung im Angesicht des Anderen. Sie fordert, Spontanität zu bewahren, um sich vom (leidenden) Antlitz des anderen Menschen in der Ausrichtung des eigenen Willens berühren zu lassen. Dankbarkeit für die Existenz anderer Menschen in der Welt und aktive Rücksicht auf deren stets gegebene Verletzlichkeit sind für Hannah Arendt die beiden Quellen unseres moralischen Daseins (Eilenberger, 2020, S. 212 f.).

»Wie einzigartig wollen wir denn nun sein?«, fragt der Kulturwissenschaftler und Philosoph Nicolas Dierks (2015, S. 92). Und entsprechen meine diesbezüglichen Vorstellungen eigentlich meinen Potenzialen, meiner Individualität oder uneigentlich einer angenommenen, übernommenen Pseudo-Individualität, die mehr von Erwartungen relevanter Bezugspersonen und kulturell geformter Selbstmodelle geprägt ist? Das gilt es immer wieder zu klären, will ich kreativ oder innovativ meinen bestehenden Handlungsspielraum entscheidend erweitern. »Wer seinen Traum lebt, der ist bemüht, seinen Einflussbereich in der Wirklichkeit zu gestalten« (Dierks, 2015, S. 97).

Tja, eigentlich und uneigentlich: Wie höre ich auf mich selbst? Wie treu mir selbst gegenüber lebe ich? Dieser Frage geht Lew Tolstoi in seiner Erzählung »Der Tod des Iwan Iljitsch« (1886/2016) nach. Der Protagonist muss am Lebensende nach einem äußerlich erfolgreichen Leben, das er recht einverständig mit seinen allgemeingültigen Maximen ausrichtete, erkennen, dass seine Begegnung mit dem Lebensende grundsätzlich andere Fragen stellt. Er erkennt, den Verführungen der äußeren Welt erlegen gewesen zu sein und dabei den Zugang zur eigenen Innerlichkeit immer mehr verloren zu haben. Tolstoi stellt eine allgemeingültige Frage: Wie aufrichtig will ich zu mir sein? Ist eine beruhigende Illusion, eine beschwichtigende Lüge oder ein verschrecktes Wegschauen der schmerzlichen Wahrheit vorzuziehen? In seiner Novelle »Der Tod in Venedig« (1911/2005) spielt Thomas Mann diese Fragen anhand seines alternden Helden Aschenbach durch.

Mich erinnern diese Autoren daran, immer wieder zu überprüfen, inwieweit ich eigentlich das Leben lebe, das ich tief in mir, also wirklich und wirksam, leben möchte. In pendelnden Betrachtungen zwischen Alltagsperspektive und Lebensperspektive überdenke ich, was mein nächster Schritt sein könnte und sein sollte. Das setzt ein annähernd deutliches Bild von mir und meinem Lebensentwurf voraus. Bilder dieser Art sind immer narrativ, entstanden und fortlaufend entstehend aus Geschichten, mittels derer wir Menschen unser Leben erzählend ausgestalten. Unsere Erzählungen, die sich von außen betrachtet gänzlich anders berichten ließen, sind jedoch individuell nur so zu erzählen. In ihrer jeweiligen Ausgestaltung konstruieren sie Sinn und Selbstverständnis, nur so erfassen sie wesentliche Zusammenhänge vielfältigen Erlebens, um sie den Erzählungen der Umwelt anzupassen. Sie ermöglichen Verstehen und Verstan-

denwerden. Ihre Bedeutung liegt darin, biografische Möglichkeitsräume zu erkunden, besonders angesichts des zunehmen-
den Verlusts großer gesellschaftlicher Rahmenerzählungen und
beständigen Wandels geltender Normen und Wertvorstellungen.

Narrationen sind ein ganz persönliches Hineinerzählen aus-
gewählt-aktuellen Erlebens in ein möglichst sinnhaft-tragendes
Lebensverständnis, ein Gestalten des persönlichen Lebenspar-
cours durch unsichere, irritierende Verhältnisse hindurch oder
erzählerische Erkundungen erträumter Möglichkeitsräume. Es
sind komplexe Erzählungen um gelöste Widersprüchlichkeiten
oder um ersehnte Utopien. Hoffnungsbilder, die ermutigen, sich
engagiert dafür einzusetzen. »Denn philosophisch leben heißt
immer auch begeistert unterwegs sein« (Huber, 2010, S. 117).
Da könnte eine mögliche (ethische) Leitfrage sein: »Was finde
ich persönlich schön und welche möglichen Konsequenzen hat
meine Wahl?« (S. 119).

Wer hat sie nicht im Ohr, diese mahnend-drohende Stimme,
die spätestens bei all den Selbstüberlegungen unmissverständ-
lich ermahnt, ja nicht so egoistisch zu sein und statt sich derart ausführlich in den Mittelpunkt zu spielen an die anderen
zu denken? Begleiter*innen sind mit diesen inneren Kritiker-
anteilen meist bestens vertraut, die meisten von uns haben schon
früh gelernt, eigene Bedürfnisse zumindest zeitweise zuguns-
ten anderer Menschen zurückzustellen, mitunter für lange Zeit
in ungleich verteilter Aufmerksamkeit: erst die anderen, dann
mich selbst berücksichtigen. Dabei war es einmal eine sehr kluge
Empfehlung, getragen von generationslanger Erfahrung, die
anderen so zu lieben wie sich selbst. Als Gleichung gedacht
bedeutet es, mich so zu lieben wie die anderen, mich selbst zu
(be)achten, wie ich bemüht bin, meine Mitmenschen zu achten,
zu respektieren, zu lieben. Es ist ein bewährtes Wissen, um als
Einzelne und als Gemeinschaft langfristig in Balance zu bleiben
und Geben und Nehmen immer wieder auszugleichen.

Nur zu geben drängt wie nur zu nehmen in konfliktreiche Schräglagen, ruft Überforderung hervor und lässt gleichzeitig ein Zuwenig empfinden. Zu wenig gelebte Talente, missachtete Empfindungen, zur Seite gedrängte Sehnsüchte verhalten sich vielleicht eine Weile ruhig, wenn erforderlich, halten sie sogar lange still, doch ihre Vitalität bewahren sie unvermindert. Entweder bessert sich so einiges im Leben und sie dürfen ans Licht, sich menschlich entfalten und Leben bereichern. Oder sie entdecken für sich lediglich die Chance, verkleidet, verzerrt, unkenntlich getarnt auf sich aufmerksam zu machen, um so als körperliche Symptome die ihnen zustehende Aufmerksamkeit zu erhalten, vielleicht als psychische Erkrankung oder in merkwürdigem Verhalten. Des Merkens würdig und des Aufmerkens dringend notwendig, um tiefe innere Not zu wenden.

Menschen, die Menschen begleiten, wissen um die große Bedeutung von Self-Care, von notwendiger Selbstfürsorge, auch wenn viele fordernde Alltagssituationen sie dies mitunter vergessen lassen. Erinnern wir uns also miteinander an Selbstfreundschaft und Selbstliebe, die bereits in der antiken Philosophie als Tugend galten (Epikur, Platon), und trainieren wir uns in guten Gewohnheiten, die deshalb gut sind, weil sie für uns persönlich wertvoll, sinnstiftend und damit stimmig sind. Lassen wir neue, jetzt angemessene Gewohnheiten in uns hineinwachsen, bis sie selbstverständlicher Teil von uns sind. »Die Gewohnheit ist sozusagen eine zweite Natur«, meinte Cicero und ermutigte dazu, eigene Gewohnheiten zum Besseren zu modellieren. »Ethos« ist das altgriechische Wort für Gewohnheit und stellt die Verbindung von Ethik, der Suche nach dem wahren Leben und den (guten) Gewohnheiten her.

Für meine Gewohnheiten bin allein ich verantwortlich. Im aufmunternden Ton Erich Kästners: »Auch aus Steinen, die dir in den Weg gelegt werden, kannst du etwas Schönes bauen« (zit. nach Dierks, 2015, S. 27), und Viktor Frankl formulierte: »Wer also ist der Mensch? Er ist das Wesen, das immer entscheidet, was er ist« (2013, S. 56).

Stephen Covey (2013) stellt die 90/10-Regel auf, nach der 10 Prozent unseres gestalteten Lebens den Umständen zuzuschreiben sind, während 90 Prozent unsere Reaktionen darauf sind. Welch ein Gestaltungsraum tut sich da auf, unabhängig davon, wie genau bemessen diese Zahlen sind. Tatsache ist, wir sind für Haltung und Verhalten auf vorgefundene Gegebenheiten selbst zuständig. Immanuel Kant bezeichnete diesen Verhaltensspielraum als »Reich der Freiheit« gegenüber dem nicht beeinflussbaren »Reich der Notwendigkeit«, der Philosoph Wilfrid Sellars (1999) bezeichnete ihn als »Reich der Gründe«, in dem wir uns eigenwillig bewegen.

Im Lauf der Geschichte erweiterte sich ständig dieser »Möglichkeitshorizont« (Hartmut Rosa), und immer mehr und häufiger müssen wir uns im Überangebot der Optionen entscheiden, wie wir Lebensentwurf und Lebensneuausrichtungen zwischen Alltagsperspektive und Lebensperspektive gestalten. Was ist dringend? Was ist wichtig? Und stimmt eigentlich die Reihenfolge: erst dringend, dann wichtig? Folge ich meinem Traum, meinem tiefen inneren Wesen? Damit erweist sich Willensfreiheit als ein verpflichtendes Geschenk des Lebens an jeden einzelnen Menschen, als Aufforderung, sich selbstbestimmt ins Leben hineinzuentfalten. Wer sich selbst vernachlässigt, verengt seinen Möglichkeitshorizont.

Geschenk und Auftrag gleichermaßen, meinte Karl Jaspers: »Ich bin in meiner Freiheit nicht durch mich selbst frei, sondern werde mir geschenkt.« Seiner Ansicht nach verschleiern wissenschaftliches Denken und technisches Können diese eigentlichen Voraussetzungen des Menschen, der »anderswo herkommt« (Jaspers, 1960).

Auch für Seneca ist der Mensch ein soziales Wesen, in seiner Individualität auf Gemeinschaft und Miteinander ausgerichtet und gleichermaßen darauf angewiesen. Doch in dieser Orientierung der Menschen aufeinander sieht Seneca auch die Gefahr für ein in sich selbst ruhendes und sich selbst lebendes Wesen, das sich um ein selbstbestimmtes Leben bemüht: »Vielfach muss man auch in sich selbst Einkehr halten: denn der Umgang mit anders gearteten Menschen stört das erlangte innere Gleichgewicht und weckt Leidenschaften wieder auf und führt allen Schwächen und bedenklichen Rückständen der Seele neue verderbliche Nahrung dazu«, und Seneca ermahnt: »Verkehre nur mit Leuten, die dich besser machen können, und lass solche an dich anschließen, die du besser machen kannst. So kommt es zu einer Wechselwirkung; man lernt, indem man lehrt« (zit. nach Kitzler, 2017, S. 145).

Wenn das kein Plädoyer für die fast vergessene Muße ist, also für die Zeit mit mir selbst, aus der heraus ich mich anschließend gestärkt wieder engagiert in meine Mitwelt stelle.

 Impuls: Die Heldenreise
(nach Paul Rebillot und Melissa Kay, 2000)

Persönlichkeitsentwicklung ist ein Menschheitsthema, Sagen, Mythen und Märchen erzählen davon in zeitlosen Bildern. Ein mythologisches Motiv bietet die Heldenreise als ein allen existenziell bedeutsamen Entwicklungen zugrunde liegender Ablauf. In neun Abschnitte untergliedert durchlebt die Heldin oder der Protagonist einen Reifungsprozess:

- Der Aufbruch aus dem bisherigen Leben wird gefordert, die Heldin vernimmt einen *Ruf*.
- Als erste Reaktion weigert sich die Heldin, will Bewährtes, Haltendes, Sicherndes beibehalten, *widersetzt sich*.
- Mentor*innen, *gute Geister,* bieten ihre Unterstützung an, Kräfte im Außen halten besondere *Gaben* bereit. Die Heldin nimmt ihre Hilfe bzw. Ratschläge an.

- So ausgestattet, überschreitet die Heldin die *Schwelle,* trifft eine Entscheidung oder nimmt es mit bedrohlichen Gegnern auf.

- Eine *Bewährungsprobe* erwartet die Heldin. An deren widrigen Umständen wird sie wachsen.

- Dann erfolgt die *entscheidende Prüfung,* in der es ums Ganze geht, denn die Heldin begegnet (ihren) Schatten.

- Nach bestandener Prüfung erhält sie eine *Belohnung,* ein Reifungsgeschenk, den persönlichen Gewinn.

- Die Heldin tritt nun gewandelt den *Rückweg* an.

- Es erwartet sie ein *neuer Alltag,* in dem sie all den Erfahrungen ihrer Reise einen guten Platz gibt.

Staunen – Dankbarkeit und Lebensfreude

> *»[...] wo doch das sichtbarste Glück uns*
> *erst zu erkennen sich gibt, wenn wir es innen verwandeln.«*
> *(Rilke, aus der siebten Duineser Elegie, 1923)*

Nichts von dem, was ich habe, ist selbstverständlich. Wie oft mache ich mir das klar, und kann ich diese Tatsache überhaupt in ihren Dimensionen erfassen? Wohl kaum. Denn wie weit reicht denn meine kleine, begrenzte Vorstellungskraft?

Von meiner Großtante hörte ich oftmals: »Ich bin nicht dankbar, weil ich glücklich bin, sondern ich bin glücklich, weil ich dankbar bin.« Einen etwas anderen Zusammenhang stellte Seneca her: »Ich bin dankbar, nicht weil es vorteilhaft ist, sondern weil es Freude macht.« Und Albert Schweitzer soll geraten haben, dass wir, wenn es uns nicht so gut geht, wir etwas suchen sollten, für das wir dankbar sind, damit sich unser Gefühl ändert.« – Drei von vielen Sichtweisen, die Dankbarkeit und Lebensfreude in einen engen Zusammenhang stellen. Gefühle der Dankbarkeit sind verbunden mit Glücksgefühlen und Harmonieerleben, und damit haben sie große Auswirkung auf unsere allgemeine Zufriedenheit.

Begleitende, die Menschen in leidvollen Krisenzeiten unterstützen, erkennen angesichts des Schicksals derer, die sie begleiten, vielfache Gründe für persönliche Dankbarkeit und haben damit besondere Chancen, sich ihres Glücks bewusst zu sein.

Glück ist die Akzeptanz dessen, was ist. Alles könnte grundlegend anders, viel schlechter, rauer, härter, grausamer sein. Dankbarkeit bietet sich damit als lebensbejahende Haltung an, als eine mögliche Sicht auf unser Leben aus dem Blickwinkel eines reichen Lebens, eines gelingenden Lebens allen Widrigkeiten zum Trotz.

Hindert uns etwas daran, Lebensfreude in uns selbst zu suchen, statt äußeren Dingen nachzulaufen? Beziehungsbegehren nicht in kapitalistisches Objektbegehren zu übersetzen? Werte in uns zu kultivieren, die in uns Befriedigung und Glück bewirken?

»Wer sich hat, der hat nichts verloren«, wusste Seneca (zit. nach Kitzler, 2017, S. 126) und verwies entsprechend auf die Freude am selbstgenügsamen Leben innerer Werte. Für ihn lag der Kern der Freiheit im Wissen um das, was dauerhaft glücklich macht und befähigt, Beeinträchtigungen souverän zu begegnen.

Dankbarkeit für das, was das Leben uns bisher gegeben hat, ist nach Seneca eine erleichternde Betrachtungsweise im Umgang mit Schwerem, mehr auf das zu schauen, was uns gewährt als was uns vorenthalten wird. Denn wir können uns keiner Freude sicherer sein als der Freuden, die wir bereits erlebt haben und die in unsere Freudenbiografie als kostbare Erinnerungsschätze eingeschrieben sind. Während wir an schöne, glückliche Augenblicke zurückdenken, sensibilisieren wir uns für all das Gute, das uns beständig geschenkt wird, und so können wir unsere Haltung der Dankbarkeit weiter und weiter ausbauen und unsere Freude im Hier und Jetzt empfinden. So bilde ich mich aus zu meines Glückes Schmied und lerne immer mehr, freudvoll und tief dankbar zu leben.

»Ich lieb ein pulsierendes Leben,
das prickelt und schwellet und quillt,
ein ewiges Senken und Heben,
ein Sehnen, das niemals sich stillt.

Ein stetiges Wogen und Wagen
auf schwanker, gefährlicher Bahn,
von den Wellen des Glückes getragen
im leichten, gebrechlichen Kahn …

Und senkt einst die Göttin die Waage,
zerreißt sie, was mild sie gewebt,

ich schließe die Augen und sage:
Ich habe geliebt und gelebt!«
(Rilke, 1894)

Ob flüchtig, aufregend oder beruhigend, das Glück ist bei Rainer
Maria Rilke stets das höchste und zarteste Gut, nach dem der
Mensch sich sehnt (Rilke, 2015, S. 72).

 Reflexion

Wofür in meinem Leben möchte ich mich noch einsetzen,
um an dessen Ende sagen zu können: »Ich habe geliebt und
gelebt«?

Dass es an meinem ehrfürchtigen Blick liegt, mit dem ich die
Welt betrachte, ist auch ein grundlegender Gedanke in Dorothee
Sölles Spiritualität des Staunens. Für sie liegt im Staunen die
Liebe zum Leben. Das kindliche Staunen über das Wunder der
Schöpfung. Über die vielen kleinen Wunder am Wegesrand,
die so oft übersehen bleiben. Der Mensch, der sie bestaunt
und bewahren möchte, ist damit bereits verantwortlich, das zu
Bestaunende zu schützen. In dieser politischen Verantwortung
entwickelte Dorothee Sölle ihre widerständige Schöpfungsspi-
ritualität als einen Weg, als »via transformativa« des aktiven,
schöpferisch-heilenden Engagements für unsere Umwelt (Sölle,
1998).

Wie oft rutschen uns Staunen und Dankbarkeit weg, machen
Ärger und Enttäuschung Platz, und wir erleben uns als Opfer
missgünstiger Menschen, widriger Umstände oder eines bösen
Übels. So habe ich mir das nicht vorgestellt! Das ist so ungerecht!
Dafür habe ich mich nicht all die Jahre krummgelegt! Große
Enttäuschung! Ende einer Täuschung! Wir erkennen, dass wir
uns getäuscht haben, in den Menschen, in Erfolgserwartungen
oder vielversprechenden Perspektiven.

Enttäuschung setzt Erwartungen voraus, die sich nun als falsch erweisen. Hier geht's nicht weiter. Doch nun sehe ich klarer, weiß, wie es nicht funktioniert, bin schon wieder etwas schlauer und erkenne mit John Lennon: »Leben ist das, was passiert, während du fleißig dabei bist, andere Pläne zu schmieden« (Song »Beautiful Boy«), und ich werde erinnert an die Redensart: »Willst du Gott zum Lachen bringen, dann erzähl ihm deine Pläne.«

Und so befinde ich mich inmitten einer neuen Herausforderung, konfrontiert mit einer neuen Frage, die das Leben an mich stellt. In der gegenwärtigen Weltlage ist das zur Normalität geworden. »Heute stehen wir vor sich rasch wandelnden Situationen, die immer mehr von uns verlangen und in denen wir uns häufig neu erfinden. Je radikaler sich unsere Umwelt verändert, desto weniger können wir uns auf existierende Denk- und Handlungsmuster verlassen und desto mehr müssen wir lernen, unserem werdenden Selbst von der Zukunft her zu begegnen, ihm von dort entgegenzulaufen« (Scharmer, 2021).

Diese neuen Fragen der Welt werden an uns alle gestellt, und wir alle haben sie lebensgeschichtlich zu beantworten, nicht allein theoretisch abwägend, sondern auch als persönlich verantwortete Tat. Und diese Antwort kann keine »richtig/falsch«-Antwort sein, sondern kann nur originär *meine* sein. Meine Antwort, die zu mir passt, weil sie ureigen meine ist und damit mehr als »richtig« – mag sie für meine Umgebung vielleicht auch ungewöhnlich oder befremdlich erscheinen.

Das ist nun keine neue Erkenntnis über Persönlichkeitsentwicklung. Neu ist, dass wir in der aktuellen Lage neue Erfahrungen sammeln, die historisch ungekannte Fragen aufwerfen und bisherige Richtig-und-falsch-Kategorien durcheinanderwirbeln. Neues Richtig, neues Falsch ist noch unklar, ist strittig, und wir alle erfahren uns als tastend Übende.

Das gestaltet sich für viele Menschen mitunter extrem belastend, wenn so vieles ihrer Lebenswelt einstürzt und existenziell bedrohlich oder gar vernichtend ist. Ohne dies in irgend-einer Form beschönigen zu wollen, daneben ist genau hier eine Ausgangssituation, um in eigene neue Antworten und Lebens-entwürfe hineinzuwachsen. Wir kennen aus der Begleitung trau-ernder Menschen diese unvermeidbaren Traueraufgaben, trans-formierende Entwicklungsaufgaben (Worden, 2011).

Wenn uns diese Entwicklungsaufgaben gefühlsmäßig treffen, eventuell mit heftigem Gefühlsausschlag, erkennen wir sie genau daran: als Fragezeichen unserer Schicksalsfrage. Eine eröffnete Chance, zu überprüfen, welche Haltepunkte verloren gegangen sind, was in dieser Situation denn nun letztendlich »meins« ist, und so in die persönlich wesentlichen Antworten hineinzuwach-sen, bis der innere Dreiklang von Denken, Fühlen und Handeln in mir stimmig klingt. Denn erst dann ist es die Antwort meines einzigartigen Ichs. Und dann wird es interessant sein, an den Reaktionen meiner Mitmenschen abzulesen, ob ich so wirksam bin, wie ich es hervorrufen wollte, oder welche weiteren Ent-wicklungsfragen nun daraus erwachsen, »dass gut werde, was wir aus Herzen gründen, aus Häuptern zielvoll führen wollen« (Rudolf Steiner, zit. nach Handwerk, 2021).

In diese Lebensfragen eingebunden und sich von ihnen immer wieder neu ansprechen, anregen und leiten lassen, ist philosophisch-praktische Lebensgestaltung. Philo-sophie, aus dem Griechischen übersetzt, bedeutet: »Liebe zum Wissen« bzw. »Weisheit der Liebe«, nämlich liebevolle, achtungsvolle, gütige Zugewandtheit des Menschen seinem wandelvollen Leben gegenüber und dessen allgemeingültig unbeantwortba-ren Fragen.

Das ist Leben, und darin beherzt zu leben, kann als Lebens-freude oder sogar Glück empfunden werden. »Glück – die Aufmerksamkeit auf das Gelingen im Scheitern, auf das Beste-hende in dem, was uns verrutscht, auf die wahren Momente im verkehrten Ganzen, auf die Spuren des Menschlichen im

Unmenschlichen, auf den erfüllten Augenblick, der die Routinen des bloßen Hin- und Weiterlebens unterbricht und das Leben rechtfertigt, ihm bescheinigt: es ist lebenswert« (Achenbach, 2014, S. 98).

Und diese Haltung fördert Dankbarkeit, dankbar zu sein für all das, was ich habe, was ich bin, was ich hatte, wo ich war und was mir erspart geblieben ist. So betrachtet, kommt einiges zusammen, das lebensfroh stimmen kann oder sogar glücklich, wie der Philosoph Walter Benjamin es beschreibt: »Glücklich sein heißt ohne Schrecken seiner selbst innewerden können.«

Impuls

Legen Sie sich ein Dankbarkeitstagebuch an, in dem Sie täglich ca. 5 Minuten von Ihnen als selbstverständlich Wahrgenommenes sammeln, und zwar all das, wofür Sie bei genauerer Betrachtung dankbar sein können, da es alles auch ganz anders sein könnte. Anschließend überlegen und notieren Sie, was Ihnen heute alles erspart geblieben ist.

Alter – persönliche Sicht

> *»Je älter ich werde, umso mehr begrüße ich*
> *den Zufall, mein bisheriges Leben in*
> *einem Zeitraum verbracht zu haben,*
> *der von der Verderbnis des Krieges nicht*
> *berührt war. Schonzeit. Schonraum.«*
> *(Silvia Bovenschen, 2011)*

Alter ist vielschichtig, es begrenzt und eröffnet Möglichkeiten. Wer bin ich in meinem Ich, diesem sich beständig verändernden und doch irgendwie gleichbleibenden Kern meiner Person? Ich wachse durch mein Leben, ent-wickele mich aus manchen Verstrickungen, lerne, bilde Fertigkeiten aus und kann mir inmitten all dieser Transformationen durch all die unterschiedlichen Lebensjahre meines Ichs gewiss sein. Es bleibt in allem, was nicht bleibt. Es wächst mit mir, während es gleichzeitig ein beständiges, unveränderbares, überdauerndes Grundgefühl ist.

Ich bleibe ich inmitten meiner lebenslangen Veränderungen! Bleibt die Frage: Was bleibt denn da? Und was wünsche ich mir, dass es weiterwächst – über mein jetziges Ich möglichst weit hinaus?

Bei dem Begriff »Ich« beziehe ich mich auf Martin Buber, der den Menschen als ein sich selbst verstehendes Individuum beschreibt, das sich beständig in der Begegnung mit dem Du (meist Personen, zu denen eine soziale Beziehung besteht) und seiner Auseinandersetzung mit dem Es (einer übergeordneten Größe) dialogisch ausbildet. Kein Ich kann ohne ein Du oder Es existieren. In jedem Menschen gibt es aus dieser Verbundenheit sowohl ein Ich-Es als auch ein Ich-Du. Das Ich-Es gilt nach Buber grundlegend für das Distanzierungsprinzip, während das Ich-Du dem Beziehungsprinzip entspricht.

Nach Martin Bubers Anthropologie liegen beide Prinzipien dem Menschsein zugrunde und bedingen einander in einem dialektischen Verhältnis. Ein Prinzip kann nicht ohne das andere sein. Buber schreibt (1984, S. 15): »Ich werde am Du, ich werdend spreche ich Du, jedes Leben ist Begegnung.«

Dialog, Zwiesprache, Angeredetsein und Antwort sind die beständigen Interaktionsfelder, in denen ich mich bewege, mich orientiere, Erlebnisse einordne und bewerte, mich verhalte und meine Haltung reflektiere. Auch im systemischen Verständnis eines autonomen Individuums, das als Beziehungswesen angelegt ist, finden sich diese wechselwirksamen Dynamiken eines ständigen Selbstwerdungsprozesses des Menschen, der inmitten seiner lebendigen und sozialen Wirklichkeiten steht.

 Reflexion

Was antworten Sie Gertrud von le Fort: »Das Alter ist wie eine Woge im Meer. Wer sich von ihr tragen lässt, treibt obenauf. Wer sich dagegen aufbäumt, geht unter«?

Altersverklärung versus Alterspessimismus

Wie lassen sich diese Aspekte und Erfahrungen sinnstiftend ins persönliche Leben integrieren? Ich stelle mir entsprechende Lebensfragen und betrachte dabei Rhythmen von Wachsen, Vergänglichkeit, Endlichkeit und Entfremdung. Entfremdung von Mitmenschen, aber auch Entfremdung vom eigenen Körper, von früheren Einstellungen und bisher tragenden Orientierungen.

Betrachte ich mit der Essayistin Literaturwissenschaftlerin Silvia Bovenschen (2011) Alter als »zunehmende Zukunftslosigkeit«, erscheint die verbleibende Lebenszeit kostbar und fordert mich auf, das bisher Nichtgelebte daraufhin zu betrachten, was ich in der aktuellen Lebensphase stärker berücksichtigen könnte. Welche Fähigkeiten erschließen sich aus der Perspektive bereits gelebten Lebens, und welche tieferen Zusammenhänge, um aus dem eigenen Leben das zu machen, was in mir angelegt ist und zu dem ich fähig bin?

Allgemeiner sind die Fragen rund um Würde des Alters und Alterns in unserer Gesellschaft relevant. Das Wort »Greis« ist inzwischen tabu und durch Begriffe wie Senioren, Betagte, Hochbetagte ersetzt. Was verändern diese Narrationen hinsichtlich Selbstverständnis und Erwartungen von und an alte Menschen? Welche Perspektiven eröffnen sich? Welche Zuschreibungen engen ein?

Thomas Rentsch (2015, S. 189) betrachtet Alter »als Werden zu sich selbst«. In einem lebenslangen Entwicklungsprozess werden gerade im Älterwerden Identitätsbewährung und Identitätsbewahrung zu besonderen Aufgaben. Denn all die Wandlungen des sinn- und leiderfahrenen Lebens sind verwoben mit sich verändernden Sichtweisen auf Leben und Welt. Die Ganzheit meines Lebens ist eine ständige dialektische Interpretationsaufgabe von konkreter Einzelsituation und existenzieller Wandlung.

Indem alles in meinem Leben nur einmalig eintritt, ohne vorherige Probemöglichkeit, in ständiger Uraufführung, bedeutet jeder Gewinn neuer Lebensmöglichkeiten einen gleichzeitigen Verlust bisheriger und formt aus jedem Leben in seiner einmaligen Ganzheit eine *Unvertretbarkeit* (Rentsch, 2015, S. 195). Ich kann keine andere sein, und nur ich kann tun, was ich tun kann – unaustauschbare identitätsbildende Transformation, für mich wie für meine Umgebung. So wird jeder Moment als unwiederbringlich in mein ureigenes Lebensmuster eingewebt.

Betrachtungen von Einmaligkeit, Unwiederbringlichkeit, Unwiederholbarkeit und Unumkehrbarkeit verstärken sich in der veränderten Zeiterfahrung des Alters. Im Alter intensivieren sich Erfahrungen von Endlichkeit. Das kann ich bedauern oder als normal und universell annehmen. Ich kann mir klarmachen, dass Verletzlichkeit, Schutzlosigkeit und existenzielle Fragilität altersunabhängig das gesamte Leben prägen. Altern ermöglicht so betrachtet die radikalisierte Sicht und Erfahrung allgemein menschlicher Lebenssituationen. Angesichts begrenzt empfundener Lebenszeit wirft dies existenzielle Sinnfragen auf und fordert heraus, frühere Sinnkonstruktionen zu hinterfragen und die (Un-)Sinnhaftigkeit eigenen Handelns aufmerksam zu betrachten.

Lebensfragen - Altersweisheit

Daraus mögen sich Fragen ergeben wie: Was erfülle ich, und wo versage ich? Aus welchen Möglichkeitsperspektiven heraus möchte ich mein weiteres Leben gestalten? Welche Teile meines Ichs sind aktuell im Spiel?

Meine personale Identität, seit frühester Kindheit ausgebildet, bringe ich als die mir vertraute mit ins Alter und bemerke nun mitunter, wie sie in Spannung auf aktuelle physische Veränderungen verwirrt reagiert, sich auflehnt und um Identität im Fremdwerden ringt.

Der größte Teil meiner Persönlichkeit hat sich in einer Zeit geformt, die inzwischen Vergangenheit ist. Meine prägenden Erfahrungen sammelte ich in nicht mehr existenten Lebenssituationen, und meine Beurteilungsmuster beruhen zum großen Teil darauf. Entfremdungsgefühle und Verständnislosigkeit einerseits, eine weite, weise Perspektive andererseits. Letztere wäre wohl als altersweise zu bezeichnen.

Altersweisheit könnte lebensnah und praktisch eine Sichtweise bedeuten, die begrenzten Möglichkeiten des Menschen zu erkennen und gleichzeitig interessiert nach Erfüllungsoptionen Ausschau zu halten. Leibliche Erfahrungen der Begrenztheit ermöglichen tiefere Einblicke in Lebensgesetzmäßigkeiten, in die Gestaltwerdung meines Ichs und in meine Verantwortung für die unaufschiebbare Umsetzung meiner Werte im Sinne »humaner Selbstbehauptung« (Rentsch, 2015, S. 203). Davon könnte unsere Gesellschaft nur profitieren angesichts unmenschlich-übersteigerter Leistungs-, Konsum- und Beschleunigungsprozesse und vielleicht die sinnhafte Bedeutung menschlicher Selbstbehauptungsprozesse erkennen.

Eine ähnliche Meinung vertritt der Philosoph Norberto Bobbio (2018), in dessen Verständnis Altersweisheit die Möglichkeit eröffnet, einerseits die eigene Lebensgeschichte zu erinnern und kritisch in ihrem historischen Kontext zu hinterfragen, um sie andererseits einem gesellschaftlichen und generationsübergreifenden Umdenken zur Verfügung zu stellen.

So ein Erinnern ist oft heilsam. Vergessene Erlebnisse bergen, eventuell neu interpretieren und in die eigene Biografie einbinden heißt, sich als einmalige Identität anzuerkennen, und ermöglicht für Bobbio, in voller Klarheit anzuerkennen, dass sich mein Lebensweg wohl nicht vollenden wird, vieles offenbleibt, sich manche angestrebten Ziele als unerreichbar zurückziehen und doch die existenzielle Bedeutung von Zwischenmenschlichkeit und Dialog überdauert.

Der Philosoph Odo Marquard (2015) nennt es die »Theoriefähigkeit des Alters«, die es älteren und alten Menschen ermögliche, illusionsresistent zu sehen und zu sagen, was ist. Wer der Endlosigkeitsillusion nicht (mehr) erliegt und sich Vollendungsillusionen versagt, ist angesichts begrenzter Zukunft nicht mehr so sehr von erhofften Zukunftsszenarien bestechlich, kann sich davon distanzieren, muss weniger Rücksicht nehmen und kann sich mit unverstellterem Blick im eigenen Leben und in der Welt umsehen. Der Sieg des So-ist-es über das So-hat-es-zu-sein eröffnet Freiräume, offizielle Grenzen zu überschreiten. Wer wenig will, gewinnt neue Perspektiven samt humorvoller Betrachtungen.

Zukunftsillusionen zu widerstehen bedeutet für Marquard auch, auf die Illusion zu verzichten, mit den Enkeln jene Zukunft zu haben, die man selbst nicht mehr hat. »Auch dieser altersspezifischen Variante der Bestechlichkeit durch die Zukunft muss man im Alter widerstehen, wenn gelten soll: Das Alter –

als Lebensabschnitt der Zukunftsverminderung – ist in beson-
derem Maß theoriefähig« (Marquard, 2015, S. 210). Auch hier
eröffnen sich gesellschaftliche Chancen einer zunehmend großen Gruppe älterer und alter Menschen.

Erfahrungen

Erlebnisse (Vergangenheit) bleiben in mir, formen mich kontinuierlich, und ich forme sie in den Geschichten, die ich mir und
anderen darüber erzähle. Ständiges Anverwandeln und Verwan-
deln alter Muster mit neuen Perspektiven. »Nicht, was wir erleben, sondern wie wir empfinden, was wir erleben, macht unser
Leben aus«, wusste Marie von Ebner-Eschenbach.

»Ich werde, wie ich werte«, dieses Zitat von Karl Jaspers (1932)
ist mein Leitstern. In meiner Arbeit wie in meinem gesamten
Leben überprüfe ich: Wie bewerte ich was? Welche Bedeutung
räume ich dem ein, was ich für mich als bedeutend erkenne?
Derart persönlich bewertend verleihe ich Erlebnissen deren Sinn,
verbinde mich mit Sinnstiftendem und verlasse mich darauf,
dass mich diese Haltung auch weiterhin durch mein Leben und
damit in mein weiteres Alter trägt. Und hoffnungsvoll schließe
ich mich Martin Buber an, der meinte, dass Altsein für diejenigen eine herrliche Sache sei, die nicht verlernt haben, was
anfangen heißt.

Alles gehört zusammen

Das philosophische Denken Indiens geht von der dreifachen
Vierteilung aus, einer idealtypischen Lebensform, um alltäg-
liches Leben zu strukturieren und den einzelnen Menschen
in einer holistischen Lebensform zu sehen. Jeder Mensch soll
danach im Laufe seiner Lebenszeit »alle Stadien der Reifung
durchlaufen und sich mit den ihm gegebenen Fähigkeiten und
Möglichkeiten für das Zusammenleben einsetzen. Darin liegt
ein Gedanke großer Freiheit und großer Verantwortlichkeit«

(Mall u. Peikert, 2017, S. 169). Das Leben wird ebenso als ein Ganzes gesehen wie der Mensch, der sich zu jedem Zeitpunkt dem Prozess seines Werdens widmen sollte. Das Individuum kann nur in seinen Beziehungen und sozialen Verflechtungen des Mit-Seins verstanden werden.

Ähnlich betrachtet Romano Guardini aus seiner philosophischen Perspektive die Lebensalter. In jedem erkennt er eine je eigene Wertfigur mit daraus abgeleiteten Geboten und Verboten, Rechten und Pflichten. Alle Lebensalter choreografieren im kontinuierlichen Zusammenspiel ein gesamtes Leben. Mit ihren jeweiligen Möglichkeiten und Aufgaben ist jede Lebensphase achtenswert und erstrebenswert für ein einzigartiges Leben (Guardini, 1992).

Betrachte und achte ich derart respektvoll mein Leben, in dem ich mir immer wieder neu geschenkt werde (Jaspers), widme ich mich dankbar meiner weiteren Selbstkultivierung und den von mir daraus abgeleiteten gesellschaftlichen Verpflichtungen.

Impuls

Das Leben realisiert sich in zeitlichen Gestalten, und die Zeit des Lebens ist ein Plural gelebter Zeiten.

Welcher Zeitabschnitt Ihres Lebens erscheint Ihnen aus heutiger Sicht besonders bedeutsam? Was ist Ihnen das Wesentliche? Was hat sich daraus entwickelt?

Schreiben Sie einen Brief an sich als den Menschen, der Sie damals waren. Wie sehen Sie ihn? Auf was möchten Sie ihn aufmerksam machen? Was sollte er aus seiner Zukunft (Ihrer jetzigen Zeit) wissen? Welche Ihrer heutigen Perspektiven könnte ihm helfen?

III Selbstbegegnung, Selbstfreundschaft – Materialsammlung zum Selbstcoaching

Vorbemerkungen

Selbstcoaching ist vielpropagierter Anspruch, Erwartung an Selbstmanagement, Selbstoptimierung, mitunter bis zur Selbstüberwindung oder Selbstausbeutung. Es füllt unzählige Seiten auflagenstarker Illustrierten und einige Meter der Ratgeberliteratur. In seiner populären Weitung schillert der Begriff des Selbstcoachings in höchst unterschiedlichen Variationen und soll daher zu Beginn dieses dritten Buchteils genauer geklärt werden. Denn es handelt auch vom Selbstcoaching, allerdings in einer speziellen Variante der Anregungen zum eigenen Tun, zum spielerischen Experimentieren und zur alltagspraktischen Umsetzung persönlich bedeutsamer Erkenntnisperlen. Sich ganz praktisch selbstwirksam erleben und damit erfolgreich sein in der Abwehr (selbst-)kritischer Kleinmacherstimmen, hemmender Glaubenssätze, depressiver Anflüge oder Ohnmachtserleben. An deren Stelle könnten wir es doch mal mit einer gewissen Freundlichkeit zu uns selbst versuchen, ist es doch erwiesenermaßen deutlich wirksamer, sich selbst zu ermutigen als sich zu bestrafen, um gut zu leben und erfolgreich zu arbeiten – was immer persönlich erfolgreich dann bedeutet.

Zu einer solchen Selbstkompetenz gehören in erster Linie die Fähigkeit und der beherzte Mut, dem eigenen Leben Form und Richtung zu geben. Es ist die alltägliche Lebenskunst, ist Lebenskönnerschaft (Achenbach, 2009; 2014), ist engagierte

Selbstfreundschaft und eine Selbstbeziehung, zu der wir Menschen in unserer modernen Grundsituation beständig aufgefordert sind. Auf uns selbst verwiesen und täglich herausgefordert zu bewusster, überlegter Lebensführung. Geht es doch gleichermaßen im Privat- wie im Arbeitsleben darum, eigene Brüchigkeiten und Begrenzungen zu kennen und sie so im Kontakt mit sich selbst und eventuell wohlmeinenden Mitmenschen zu kommunizieren, dass sie überwindbar werden oder zumindest zu kompensieren sind. Und dies gelingt deutlich besser im Zusammenspiel mit persönlichen Talenten, freudvollem Tätigsein, immer neu zu erobernden Potenzialen, Humor und in freundlichen Kontakten, vielleicht sogar in (spiritueller) Wiederverzauberung der eigenen Existenz. Mit anderem Blick aufs Alltägliche schauen, die Lampe höherhängen und weitere Zusammenhänge beleuchten, der Frage nach dem guten, gelingenden Leben hartnäckig auf der Spur bleiben bzw. sich nicht allzu lange davon abhalten lassen oder selbst abhalten. Durchgestandenes Dunkel leuchtet.

»Die professionellen Begleiter haben dabei die Aufgabe, einen Bewusstseinsraum zu erschließen, in dem die Entdeckung der Lebensthemen und das Erlernen von effektiven Handlungsstrategien im Mittelpunkt stehen. Das Bild des gesunden Menschen wäre nicht mehr geprägt vom Fehlen der Krankheit, sondern von der Vorstellung, auf die Gestaltung der eigenen Biografie so einzuwirken, dass die Verantwortung für das eigene Leben auch unter schwierigen und schmerzhaften Bedingungen übernommen werden kann« (Uffelmann u. von der Recke, 2004, S. 146).

In diesem Sinn lädt der folgende Teil III ein, sich weiteren, weitenden Bewusstseinsräumen zu nähern, und bietet kleine Schlüssel für die eine oder andere Tür an. Wie in jedem Buch geschieht dies in Form von Worten und Geschriebenem. Da liegt es nahe, dies hier in schreibender Auseinandersetzung anzubieten, dem kreativen, biografischen, poesietherapeutischen Schreiben folgend.

Mit Worten und Begriffen ringen ist Teil der Arbeit an sich selbst und dem eigenen Leben, denn darin finden, spiegeln und gestalten sich Formulierungen fürs eigene Erleben, formen sich erzählend bedeutsame Erfahrungen, finden sich persönliche Lebensformungen. Im gestaltenden Schreiben gestaltet sich unser Selbst und schafft betrachtende Distanz zu sich. Jonglierend mit Worten und Bedeutungen entsteht ein Raum, in dem wir selbst mit uns spielen, uns transformieren, während wir auf uns selbst wie auf eine andere Person schauen. Schreibend geben wir uns Gestalt, verknüpfen Erfahrungen zu tragfähig vernetzten Strukturen und erschreiben unsere Lebensgeschichte.

Ein Thema beschäftigt uns, wir suchen nach Worten, probierend formulieren wir uns in ein persönliches Verständnis hinein, reflektieren schreibend, Konturen schärfend.

Schreiben ist eine Übungsweise philosophischer Lebenskunst, mit Unsicherheiten, Ängsten und Selbstzweifeln ebenso verbunden wie mit Entdeckungsfreude, Selbstüberraschung und Freude am sichtbaren Gelingen dessen, was in geschriebener Form so »stehen bleiben kann«.

Der Philosoph Wilhelm Schmid (2007, S. 336) weist eindrücklich darauf hin, dass Schrift Konsequenzen für die Verfassung des Selbst hat und für dessen Beziehung zur Welt, denn sie fixiert Welt und stellt diese ebenso wieder infrage, wie sie der Fragwürdigkeit jeder Äußerung begegnet. Schreiben verdichtet unser Erleben, zähmt dessen unüberschaubare Komplexität, bringt relevante Aspekte auf den Punkt. In beständiger Wechselwirkung von Worten, Fragen und neuen Betrachtungen verknüpft und verlagert sich dieser dynamische Prozess in überraschender Weise zu völlig anderen (Selbst-)Diskursen, als dies in Gesprächen möglich ist. Wir erschreiben unser Leben, entwickeln Sinngeschichten, bändigen divergente Geschehnisse, erschaffen plausible Zusammenhänge, trotzen abgründigen Erfahrungen, geben Unerhörtem eine Stimme, schreiben Aussichtslosem Sinn zu, fabulieren Sehnsüchte in Möglichkeiten aus.

Im geschriebenen Ausdruck erlangen flüchtige Episoden Bestimmtheit, »und durch diese Bestimmtheit lerne ich erst richtig kennen und verstehen, was ich denke und wer ich in diesen Gedanken bin« (Mercier, 2020, S. 149). Schreiben wir also wider die Sprachlosigkeit und geben dem Unsagbaren Worte!

Dafür folgen nun Schreibübungen aus dem kreativen und therapeutischen Schreiben, die den einzelnen Kapiteln aus Teil I und Teil II zugeordnet sind und in diesem jeweiligen thematischen Zusammenhang zur vertieften Bearbeitung einladen. Eine themenübergreifende Schreibübung zum Lebenszyklus bildet den Abschluss. Ein buntes Potpourri erwartet Sie.

Orientierung – aus dem Chaos zu neuer Homöostase

Hinter jedem aktuellen Ereignis liegen vielfältige Erfahrungen bereits durchlebter und gemeisterter Lebensaufgaben. Dies sind bedeutsame Ressourcen, auf die zurückzugreifen hilfreich sein kann.

Wählen Sie eine Situation Ihres Lebens, in der Sie nach anfänglicher Orientierungslosigkeit zu tragfähigen Haltepunkten fanden:

- Wie gestaltete sich Ihr Leben daran neu aus?
- Was meinen Sie retrospektiv: Wie hat dies Ihre Haltung dem Leben gegenüber verändert?

Schreiben Sie dazu einen Brief an sich selbst.

Haltung – eine Checkliste

Vieles in unserem Alltag leben wir re-aktiv. Wir folgen unserem Kalender durch die Termine, arbeiten To-do-Listen ab, beantworten Mails und erledigen Rückrufe, bis der Tag zu Ende ist. Nun einige Frage zu der aktiven Seite Ihrer Lebensgestaltung:

- Wie, wodurch und wie deutlich zeige und lebe ich, was mir bedeutsam ist?
- Wie stabil und verlässlich erlebe ich mich in dieser Haltung? Gehe ich Kompromisse ein: Wann, wie, bei wem?
- Wie ehrlich bin ich zu mir und wie gradlinig verhalte ich mich anderen gegenüber?
- Wie konstruktiv verhalte ich mich? Gelingt es mir, Verstehen von Akzeptieren zu unterscheiden? Kann ich nachvollziehen, weshalb meine Kollegin mich beim vereinbarten Treffen versetzt hat, ohne dieses Verhalten deshalb gutheißen oder bagatellisieren zu müssen oder sie deshalb als Person zu verurteilen? Ist es mir möglich, ihr mich kränkendes Verhalten von ihrer Person zu trennen?
- (Wie) gelingt es mir, mir auf reflektierender Metaebene mein Denken, Fühlen und Handeln vorzulegen?
- Erkenne ich, dass ich die bestimmende Instanz in meinem Leben bin und auch dann Regisseurin, wenn ich mich als Opfer empfinde? Und wie finde ich daraus zurück ins Erleben meiner Selbstwirksamkeit?

Nehmen Sie sich Zeit, eventuell schreiben Sie an mehreren Tagen zu den einzelnen Unterfragen. Schreiben Sie so lange, bis Sie spüren, dass vorerst alles formuliert ist und den passenden Platz bekommen hat.

Zuhören – eine Kunst

»Indem du zuhören lernst, wirst du fähig werden, das zu hören, was nicht ausgesprochen werden kann. Allein dadurch kannst du wachsen. Niemand wächst durch Bücher […] Bücher müssen überschritten werden«, sagte Bhagwan Shree Rajneesh (zit. nach Berendt, 2008, S. 17).

Vorbereitende und begleitende Fragen an ein dialogisches Gespräch:

• Was sind meine Interessen für dieses Gespräch?
• Befinden wir uns in einem geeigneten Zeit-Raum mit angenehmer Atmosphäre?
• Vergewissere ich mich, ob ich das Gehörte richtig verstanden habe?
• Nehme ich die Antworten meines Gegenübers ernst?
• Gelingt es mir, nicht zu unterbrechen?
• Halte ich Gesprächspausen und Stille aus?
• Will ich etwas Bestimmtes hören oder kann ich überraschende Äußerungen aufnehmen?
• Kann ich Zuhören und Nachdenken derart trennen, dass meiner Gesprächspartner*in und mir ausreichend Ruhe bleibt, darüber nachzudenken – eventuell darüber zu schlafen?
• Und zum Abschluss: Welche Erkenntnisperlen nehme ich aus dieser Begegnung mit?

Es empfiehlt sich, Notizen während des Gesprächs zu machen, um daraus im Anschluss eine entsprechende Reflexion zu schreiben. Nach dem Lesen: Welche Konsequenzen ergeben sich für Ihr nächstes Gespräch mit dieser Begleiteten?

Fremd – auseinandersetzen

Diese Leitfragen möchten Sie inspirieren, sich mit Ihren alltäglichen Empfindungen in Bezug auf Andersartigkeiten auseinanderzusetzen, indem Sie sich ihnen innerlich gegenübersetzen, sich also auseinander-setzen, und sie aus diesem Blickwinkel betrachten. Bitte schauen Sie bei allem, was Sie eventuell kritisch beurteilen, vor allem freundlich auf sich selbst und schreiben Sie Ihre Gedanken auf zu den folgenden Fragen:

- »Achtung, Respekt und Wertschätzung gegenüber einzelnen Personen und Systemen«: Wo ist mir das nicht möglich?
- »Alter, Geschlecht, ethnische Herkunft, Kultur, Status, sexuelle Orientierung, Weltanschauung und Religion«: Wie viel Fremdheit meines Gegenübers kann ich neutral, allparteilich begegnen? Wo erlebe ich meine Grenzen? Was ist/war für mich mit meinen persönlichen Werten unvereinbar? (Praxisbeispiel)
- Wann habe ich mich zuletzt fremd gefühlt? Und woran habe ich das erkannt (körperlich, emotional, gedanklich)? Welchen Impuls habe ich wahrgenommen?
- Beinhaltet ein ergebnisoffenes Beratungskonzept, mitunter einen Standpunkt zu beziehen?

Zeit – Prioritäten

Der Philosoph Ludwig Wittgenstein empfahl seinen Kollegen den Gruß untereinander: »Lass dir Zeit!«, und Friedrich Nietzsche mahnte: »Du rasest! Dein Wissen vollendet nicht die Natur, sondern du tötest nur deine eigene« (1981, S. 162). Wie nun den Tempoansprüchen um uns herum begegnen, mitunter widerstehen?

Nehmen Sie sich ein Papier mindestens im DIN-A4-Format, besser DIN A3, so Sie es zur Hand haben.

Zeichnen Sie über die gesamte Fläche: Zuerst legen Sie zwei Achsen, links von unten nach oben: »Dringlichkeit«, auf der unteren Achse von links nach rechts: »Wichtigkeit«. Die quantitative Ausrichtung geht von unten links (0 %) nach oben (100 % Dringlichkeit) bzw. rechts (100 % Wichtigkeit).

Das entstandene Feld teilen Sie in vier Quadranten, die Sie entsprechend ihrer Lage bezeichnen mit »nicht dringend, nicht wichtig« (unten links), »dringend, nicht wichtig« (oben links), »dringend, wichtig« (oben rechts), »nicht dringend, wichtig« (unten rechts) (vgl. Abbildung 1, S. 118).

Nun ordnen Sie alle aktuell anliegenden Aufgaben diesen vier Feldern zu und verschaffen sich damit einen neuen, differenzierten Überblick, der es Ihnen ermöglicht, sich gezielter für die einzelnen Aufgaben zu entscheiden.

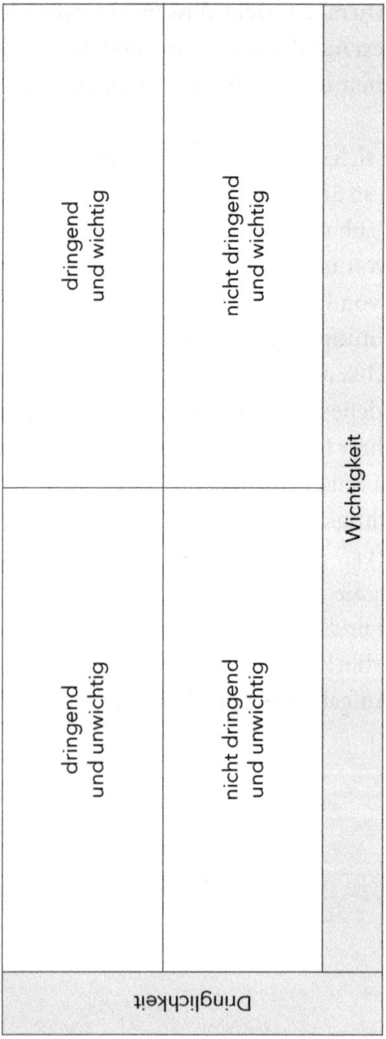

| dringend und wichtig | nicht dringend und wichtig |
| dringend und unwichtig | nicht dringend und unwichtig |

Wichtigkeit

Dringlichkeit

Abbildung 1: Prioritäten-Schema

Krise – Wendepunkte

Wendepunkte bezeichnen Übergänge in der Biografie Einzelner, auch Life Events genannt, die alte Lebensmuster auflösen und zu Neuorientierungen herausfordern. Wenn das Alte nicht mehr tragfähig und das Neue noch nicht gesichert ist, sprechen wir von Wendezeiten, in denen sich unser Leben und das der mit uns verbundenen Menschen grundlegend ändert. Keiner ändert sich allein, sondern dies geschieht immer in Wechselwirkung mit der Umgebung.

Es werden folgende Wendepunkte unterschieden, und dabei sind manche Übergänge fließend:

- *reguläre:* etwa Geburt, Einschulung, Berufsbeginn, Partnerschaft, Krankheit, Ende der Berufstätigkeit, Tod;
- *schicksalhafte:* etwa Arbeitslosigkeit, Unfall, Behinderung, Verlust von Heimat, Suizid eines nahestehenden Menschen;
- *gewählte:* etwa Coming-out, berufliche Neuorientierung.

Wendepunkte werden von den unmittelbar und mittelbar Betroffenen häufig als Krise erlebt, denn das bisher gelebte Lebens-Gleichgewicht trägt nicht mehr. Erfahrungen von Chaos, Desorientierung und Umwälzung stellen sich ein, bis eine neue Homöostase gefunden wird. Damit sind Wendezeiten Entwicklungsprozesse, deren Bewältigung von biografischen Erfahrungen, kulturellem Hintergrund und sozialem Kontext maßgeblich beeinflusst wird.

Mögliche Fragen an den Wendepunkt:
- Was ist geschehen?
- Was/wer hat *bis heute* geholfen, unterstützt, getragen?
- Wer gehört zum aktuellen sozialen Netz?
- Gab es *früher* auch schon einen (ähnlichen) Wendepunkt?
  - Wie wurde er seinerzeit bewältigt?

– Welche Unterstützung wurde erfahren?
– Was wurde ergänzend gewünscht/erwartet?
– Welche Chancen können retrospektiv gesehen werden?
• Welche Unterstützungsangebote werden *heute* gewünscht?
– Wer könnte um Hilfe gebeten werden?
– Welcher nächste Schritt ist jetzt notwendig?

Angenommen, Sie betrachten Ihre aktuelle Situation in der *Zukunft* (z. B. in fünf Jahren):
• Was sehen Sie, wie Sie die jetzige Situation bewältigt haben?
• Was/wer war für Ihre Bewältigung förderlich/hinderlich?
• Was/welche Fähigkeiten werden Sie gelernt/entwickelt haben?
• Welchen Gewinn könnten Sie dann entdecken?

Beantworten Sie die Fragen schriftlich. Dann verarbeiten Sie Ihre Notizen zu einer fiktiven Geschichte oder einem Märchen. Lesen Sie sich dies dann laut vor. Was ändert sich nun an Ihrer ersten Betrachtung des ausgewählten Wendepunkts? Was erkennen Sie? Spüren Sie einen Impuls?

Selbstsorge – Lebensenergie

Gegenwärtigsein und der Blick fürs Wesentliche bedingen einander. Menschwerdung braucht Zeit. Wie ist es da momentan um Sie bestellt? Ein Schreibimpuls, um Ihre Balance wahrzunehmen, Ihre persönlichen Kraft- und Aufmerksamkeitsverteilung und die Ihres sozialen Netzwerks. Wie ist Ihre aktuelle Energieverteilung?

Bitte nehmen Sie in Gedanken Kontakt mit der letzten Zeit auf: Was hat Sie besonders beschäftigt, mit welchen Menschen waren Sie (in diesem Zusammenhang) in Kontakt? Was war noch wichtig?

Schreiben Sie 5 Minuten einen Text zu »Meine Tankstelle(n)«. Setzen Sie dabei den Stift nicht ab. Anschließend lesen/korrigieren Sie kurz.

Nun schreiben Sie bitte auf einem anderen Blatt 5 Minuten zu »Meine Energiefresser«, wieder ohne Unterbrechung. Auch diesen Text lesen/korrigieren Sie kurz.

Auf einem neuen Blatt Papier beschreiben Sie einen gewünschten Ort, an dem Tankstellen und Energiefresser sich begegnen und austauschen. Welche Geschichte entsteht jetzt? Sie haben 15 Minuten dafür Zeit.

Auswertung:

- Lesen Sie Ihren Text vor: Was hat er mit Ihrer jetzigen Situation zu tun?
- Ist Geben und Nehmen ausgeglichen?
- Wenn Sie sich eine Waage vorstellen: Wie ist die Balance?
- Welche Elemente der Geschichte können für Sie in nächster Zeit nützlich sein?
- Möchten Sie Ihre Geschichte ergänzen um nützliche Aspekte, die Ihnen jetzt deutlich werden?

Ich – Familienblick

Anlage oder Umwelt – diese kontroverse Debatte, was uns Menschen prägt, flammt in der Fachdiskussion immer mal wieder auf. Doch hier interessieren keine Prozentzahlen, sondern ein offener persönlicher Blick auf die Herkunftsfamilie, dabei erkannte Zusammenhänge mit dem eigenen Leben und entdeckte Möglichkeitsräume.

Zeichnen Sie einen Stammbaum Ihrer Herkunftsfamilie mit mindestens drei Generationen. Falls Sie über weitere Generationen Informationen haben, ergänzen Sie. Lassen Sie das Bild in seiner Gesamtheit auf sich wirken. Was fällt Ihnen auf?

Schreiben Sie dann zu jeder der folgenden Fragen so viel, wie Ihnen spontan einfällt:

• Worauf sind Sie stolz in Ihrer Familie?
• Womit, wobei fühlen Sie Verlegenheit oder Scham?
• Was möchten Sie am liebsten verstecken?
• Kennen Sie Familienaufträge an sich?
• Worin, denken Sie, sieht/sah Ihr Vater den Sinn seines Lebens?
• Worin, denken Sie, sieht/sah Ihre Mutter den Sinn ihres Lebens?
• Worin sehen Sie den Sinn Ihres Lebens?

Staunen – Schreiben unterwegs

Sie schreiben meist an einem bestimmten Arbeitsplatz? Dann wäre doch jetzt eine gute Gelegenheit, es einmal ganz anders zu versuchen – mit »Schreibengehen« (Gellhaus, 2008), bei dem Sie sich in körperlicher Bewegung und als Bewegung des Denkens eine ganz besondere Räumlichkeit erschaffen.

Stecken Sie sich ein Notiz- oder Schreibbuch ein, dazu zwei Stifte, einen zur Reserve, für alle Fälle, und gehen Sie in die Natur. Ob Garten, Park, Wald oder Weide, streifen Sie mit offenem Blick umher, so als kämen Sie aus einem anderen Kontinent und sähen diese Gegend zum ersten Mal, als wäre alles für Sie neu. Mit diesen Entdecker*innen-Augen sammeln Sie Besonderes und Bestaunenswertes ein, indem Sie es ausführlich betrachten und dabei entsprechende Notizen oder Zeichnungen herstellen. Nach einiger Zeit, und bitte lassen Sie sich dafür Zeit, suchen Sie sich einen guten Sitzplatz. Dort sehen Sie Ihre gesammelten Notizen, Skizzen, Zeichnungen durch, um daraus ein Haiku zu schreiben. Das Haiku ist eine alte japanische Lyrikform mit einem klaren Aufbau:

- Zeile 1 mit fünf Silben umschreibt eine Stimmung, die der Jahreszeit entspricht.
- Zeile 2 mit sieben Silben stellt den Bezug zu einer Landschaft oder einer Situation her.
- Zeile 3 mit fünf Silben formuliert eine persönliche Aussage.

Lesen Sie sich vor Ort Ihr fertiges Haiku laut vor. Wie verbindet es Sie mit der Gegend, die Sie sich neu erobert haben?

Alter – Wanderplan (nach Richter, 2010)

Bitte nehmen Sie ein Blatt Papier (DIN A4) mit beiden Händen, sodass es gespannt ist. Halten Sie mit Ihren Armen diese Spannung und gehen dabei den Fragen nach: Wo komme ich her; wie ist es mir (in letzter Zeit) ergangen? Wenden Sie sich nun der Zukunft zu: Wie geht es mir mit meiner Zukunft; welche Erwartungen, Hoffnungen, Wünsche habe ich? Nun betrachten Sie bitte die Gegenwart: Wie geht es mir hier, heute, in diesem Kontext?

Nach diesen Betrachtungen achten Sie bitte auf Ihre Impulse und geben deren Energie an das Papier weiter (zerknittern/falten). Ziehen sie dann das Papier so auseinander, dass eine Art (Lebens-, Berufs-)Landschaft entsteht, und markieren Sie farbig Ihren derzeitigen Standort. Von dort aus wählen Sie einen Papiersektor für Ihre Vergangenheit aus. Finden Sie Ihren Weg durch Ihre Geschichte. Dann drehen Sie die Landschaft in Ihre Zukunftsrichtung, um dort Ihren vermuteten/gewünschten Weg zu malen.

Was fällt Ihnen auf? Was erkennen Sie?

Schreiben Sie entlang der folgenden Wegweiser:

- Betrachten und beschreiben Sie Ihren Standpunkt: Sind Sie dort angekommen, wo Sie wollten? Welche Umwege haben Sie gemacht? Haben Sie sich verirrt? Welche Belastungen, Kompetenzen, Ressourcen haben Sie im Gepäck?
- Möchten Sie in Regionen Ihrer (Lebens-, Berufs-)Landschaft zurück? Welche halten Sie (noch) besetzt?
- Wenn Sie ins Zukunftsareal schauen: Welche Höhen, Tiefen, Klippen erwarten Sie?
- Welche Wegetappe möchten Sie sich genauer ansehen?
- Erstellen Sie Ihren Wanderplan.

Lebenszyklus-Modell

In diesem Buch geht es – in Variationen zum Thema – um lebendige Blicke aufs Wesentliche, ums Überdenken und Hineinspüren in ein persönlich wesentliches, »gutes« Leben. Was trägt zum Gelingen bei? Wie lassen sich Lebenserfahrungen in den Kontext der eigenen Lebensrhythmen einordnen und wie ihnen Sinn verleihen? Wie Schweres versöhnlich in die persönliche Biografie einfügen? Diese und weitere, weiterführende Fragen stellt uns das Leben immer wieder neu.

Eine Möglichkeit des veränderten und verändernden Blicks bietet das Lebenszyklus-Modell, das Matthias Lauterbach (2007) auf der Grundlage des »Soziometrischen Zyklus« von A. E. Hale (1994) und des »Healing Circle« von J. R. Mosher (1990) entwickelte. »Im Lebenszyklus treten oft Ereignisse in den Vordergrund, die die Dynamiken der gegenwärtigen Lebensphase zum Thema haben, die Besonderheiten der Beziehungen, die (anstehenden) Veränderungen und Entwicklungen, die Übergänge von einer Phase in die nächste« (Lauterbach, 2007, S. 74).

Das Modell zeigt als räumliche Metapher eines kreis- bzw. spiralförmig angelegten Prozesses das Werden, Wachsen, Ernten, Vergehen. Es symbolisiert Tag-Nacht-Rhythmen, Jahreszeiten und Wachstumszyklen. In der Arbeit mit dem Lebenszyklus lassen sich existenzielle Themen wie Identität, Lebensbestimmung, Sinnfragen oder Prioritäten der Lebensführung fokussieren.

Idealtypisch beginnt die Beschreibung des Modells in einem ruhigen Lebensabschnitt, von dem aus die anstehende Entwicklung ausgeht. Da Veränderungen hochkomplexe Prozesse sind, die menschlich nicht vollständig zu erfassen und zu durchdringen sind, bieten Modelle Betrachtungsweisen an, die Landkarten ähneln. Daran kann man sich orientieren und nächste Schritte planen.

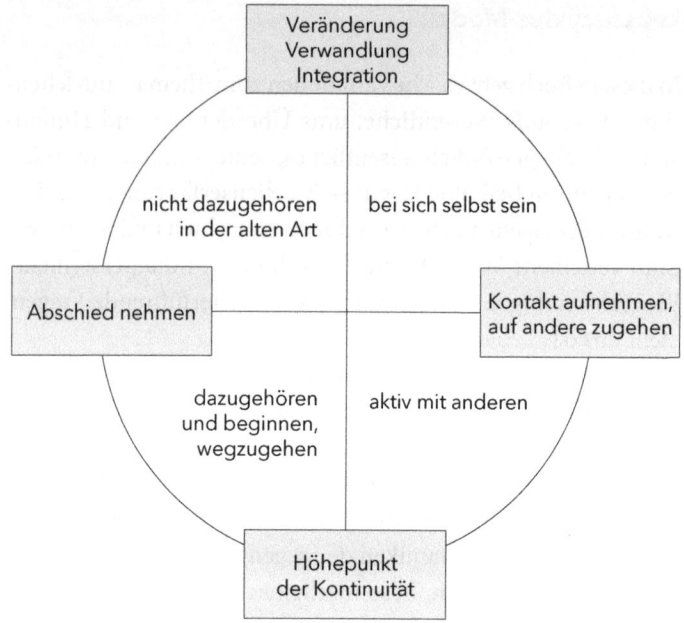

Abbildung 2: Lebenszyklusmodell

Wenn Sie sich mit einer Herausforderung konfrontiert sehen, lohnt es sich vielleicht, diese anhand des Lebenszyklus-Modells zu betrachten. Je nach Ihrer aktuellen Situation können Sie an jedem Platz beginnen und von dort im Uhrzeigersinn die einzelnen Felder durchschreiten. Dafür empfehle ich Ihnen, die Grafik vergrößert zu kopieren oder, wenn Sie mit erfahrungsorientiertem Arbeiten vertraut sind, im Raum auszulegen und erst einmal von außen zu umgehen und dort, wo Sie betrachtend besondere Körperreaktionen wahrnehmen, zu beginnen mit langsamem, achtsamem Durchgehen (Rechenberg-Winter u. Fischinger, 2019).

Wenn Sie mit der Grafik arbeiten, legen Sie sie am besten auf den Boden, um sie beim Darumherumgehen aus den unterschiedlichen Perspektiven zu betrachten, um dann mit einem weichen Stift an der Stelle zu starten, die für Sie zu Ihrer aktuellen Situation passt.

Abschließend suchen Sie sich einen Platz außerhalb des Modells und schreiben dort Ihre körperlichen Erfahrungen, Ihre Empfindungen, Gedanken und Impulse auf.

Noch einige Hinweise zu den einzelnen Feldern:

1. Bei sich selbst sein (Ausgangspunkt)

Hier ist der Ausgangspunkt der aktionsmethodischen Arbeit. Er steht für Zeiten, in denen Empfindungen von großer Stimmigkeit, Balance, In-sich-Ruhen oder innerer Sammlung überwiegen, Achtsamkeit gelebt wird und eigene Bedürfnisse wahrgenommen werden können. Der Bogen von Vergangenheit, Gegenwart und Zukunft wird als reich, stimmig und positiv erlebt im Sinne von: »Das ist mein Leben.«

2. Kontakt aufnehmen, auf andere zugehen

Dann erfolgt ein Übergang, der die Aufmerksamkeit mehr auf andere Menschen verschiebt, auf die Gestaltung von Beziehungen und auf das gemeinsame Erleben. Das betrifft bestehende Beziehungen wie auch vermehrtes Interesse am Beginn von etwas Neuem, etwa das Umschauen nach einem neuen Arbeitsplatz, die Sehnsucht nach einer neuen Beziehungsphase oder gar einer neuen Beziehung.

3. Aktiv mit anderen

Dieses Feld symbolisiert die Zeiten gemeinsamen Erlebens und Handelns, Lebensphasen, die oft als belebend, anregend oder leidenschaftlich wahrgenommen werden. Viel Beziehung findet statt, Interaktion, Kommunikation, Gemeinsamkeit, Kreativität, Lebendigkeit.

4. Höhepunkt der Kontinuität

Ein weiterer Übergang steht an, auch wenn er oftmals gar nicht als solcher wahrgenommen wird, denn an dieser Schwelle erleben sich Menschen in vertrauten, verlässlich-gewohnten Beziehungen, verbunden mit ihren Energien ohne große Anstrengungen. Die *lange Weile* der Beziehungen verändert sich (unmerklich) in *Langeweile*.

5. Dazugehören und beginnen, wegzugehen

Veränderungen deuten sich zunehmend deutlich an, Sehnsucht nach anderem wird spürbar. Beziehungen und Handlungsabläufe passen immer weniger, Reibungen und Konflikte treten häufiger auf bzw. werden heftiger ausgetragen. Die eigenen Rollen mit den damit verbundenen Funktionen werden als nicht mehr passend erlebt.

Der Mensch ist in ein Feld der inneren Auseinandersetzung getreten, in der er sich mit dem Bewahren des Gewohnten, Wertvollen und mit seinen Veränderungsimpulsen auseinandersetzt. Er erlebt entsprechende Ambivalenzen, Befürchtungen, Hoffnungen und Erwartungen.

6. Abschied nehmen

Mit den Klärungsprozessen im vorherigen Feld kann nun bewusst Abschied genommen werden, im Sinne von *sich scheiden* und dabei Bedeutsames mit*nehmen*. Es kann sich dabei um das Verabschieden von Rollen, Funktionen, Verantwortlichkeiten, Gewohnheiten handeln oder um das Beenden von Beziehungen. Dieser Schritt fällt oft schwer und ist mit Trauer, Ungewissheit und vielleicht auch mit Orientierungslosigkeit verbunden.

7. Nicht mehr dazugehören in der alten Art

Im Feld des *Nicht-mehr-und-noch-nicht*-Erlebens herrschen Gefühle von Unsicherheit vor, die Suche nach Orientierung und

Gefühle von Einsamkeit. In dieser Zeit erleben sich Menschen auf diversen Beziehungsebenen unsicher, sei es, dass Beziehungen sich tiefgreifend verändern oder zu Ende gehen.

Es ist eine Zeit des Rückblicks und des Zu-sich-selbst-Kommens, die sowohl eine Anpassung an neue Situationen erfordert als auch mit vielfältigen Erinnerungen an zurückliegende Lebensabschnitte verbunden ist. Sich verantwortungsvoll dafür entscheiden, den eigenen Weg weiterzugehen, ist gefordert.

8. Veränderung, Verwandlung, Integration (Incorporation)

Dieser Übergang ist mit intensiven Gefühlen verbunden, mit komprimierten Erfahrungen tiefgreifender Veränderungen. Die Zykluserfahrungen werden als Teil der individuellen Biografie eingeordnet: »Auch das ist mein Leben«, etwa im Sinn von E. H. Erikson als versöhnliche Integration des Erlebten in die eigene Biografie.

1. Bei sich selbst sein

Das Leben geht weiter und entwickelt zunehmend ein neues Gleichgewicht; der ehemals erschütterte Mensch findet wieder zu sich und seinem an all den zurückliegenden Erfahrungen weiterentwickelten Selbst.

Literatur

Achenbach, G. (Hrsg.) (1984). Philosophische Praxis. Vorträge und Aufsätze. Köln: J. Dinter.

Achenbach, G. B. (2009). Lebenskönnerschaft (2,. Aufl.). Köln: Dinter.

Achenbach, G. (2014). Vom Richtigen im Falschen. Auf Wegen philosophisch inspirierter Lebenskönnerschaft. Köln: Dinter.

Arendt, H. (1967). Vita activa oder Vom tätigen Leben. München: Piper.

Arendt, H. (2006). Denken ohne Geländer. Texte und Briefe. Hrsg. von H. Bohnet und K. Stadler. München: Piper.

Arendt, H. (2019). Sokrates. Apologie der Pluralität (4. Aufl.). Berlin: Matthes & Seitz.

Andrick, M. (2020). Erfolgsleere. Philosophie für die Arbeitswelt (3. Aufl.). Freiburg i. Br. u. München: Karl Alber.

Aristoteles (2019). Rhetorik. Hrsg. von G. Krapinger. Stuttgart: Reclam.

Augustinus (2002). Die Bekenntnisse. Freiburg i. Br.: Johannes-Verl. Einsiedeln.

Ausländer, R. (1984). Hinter allen Worten. Gedichte. Frankfurt a. M.: S. Fischer.

Bauman, Z. (2018). Die Angst vor den anderen. Ein Essay über Migration und Panikmache. Frankfurt a. M.: Suhrkamp.

Beck, U., Beck-Gernsheim, E. (2011). Fernliebe. Lebensformen im globalen Zeitalter. Berlin: Suhrkamp.

Benjamin, W. https://www.aphorismen.de/zitat/190279 (Zugriff am 26.01.2022).

Bennent-Vahle, H. (2019). Philosophie der Emotionen. Lehreinheit am 29.06.20219 im Bildungsgang Philosophische Praxis (des BV-PP). Eigene Mitschrift.

Berendt, J.-E. (o. J.). Muscheln in meinem Ohr: Variationen über das Hören. 5 CDs. Network-Medien-Cooperative.

Berendt, J.-E. (2008). Das dritte Ohr. Vom Hören der Welt. Battweiler: Traumzeit-Verlag.

Bieri, P. (2014). Wie wollen wir leben? (3. Aufl.). München: dtv.

Bloch, E. (1954). Das Prinzip Hoffnung. Frankfurt a. M.: Suhrkamp.

Bobbio, N. (2018). Vom Alter – De senectute (8. Aufl.). Berlin: Wagenbach.

Bohm, D. (2019). Der Dialog. Das offene Gespräch am Ende der Diskussion (9. Aufl.). Stuttgart: Klett-Cotta.

Bovenschen, S. (2011). Älter werden (4. Aufl.). Frankfurt a. M.: Fischer.

Brenner, M. (2007). Spinoza, Mendelssohn und die Revolution. Jüdische Allgemeine, 11.01.2007. https://www.juedische-allgemeine.de/allgemein/spinoza-mendelssohn-und-revolution (Zugriff am 21.01.2022).

Brentrup, M., Geupel, B. (2012). Selbstwert, Selbstfürsorge und Achtsamkeit. Verfahrensübergreifendes Übungsbuch für zentrale Variablen psychotherapeutischer Prozesse. Dortmund: Borgmann.

Buber, M. https://gutezitate.com/zitat/224365.

Buber, M. (1962). Das Wort, das gesprochen wird. Vortrag. CD. Jokers edition.

Buber, M. (1984). Das dialogische Prinzip. Heidelberg: Lambert Schneider.

Christaller, H. (1952). Albert Schweitzer. Ein Leben für andere Stuttgart: Steinkopf.

Covey, S. (2013). The 90/10 Principle. https://studentguide.me/the-90-10-principle-of-stephen-covey/ (20.11.2021).

Cramer, K. (Hrsg.) (1990). Theorie der Subjektivität. Frankfurt a. M.: Suhrkamp.

Cicero. https://gutezitate.com/zitat/210862.

Damasio, A. R. (1999). Ich fühle, also bin ich. Die Entschlüsselung des Bewusstseins. Berlin: List.

Dierks, N. (2015). Was tue ich hier eigentlich? Philosophisch denken lernen und nebenbei das Leben verstehen (2. Aufl.). Reinbek: Rowohlt.

Duden, Das Herkunftswörterbuch (2006). Mannheim u. a.: Dudenverlag.

Dürckheim, K. Graf (2004). Der Alltag als Übung. Vom Weg zur Verwandlung (10. Aufl.). Bern: Huber.

Ebner-Eschenbach, M. von. https://www.gutzitiert.de/zitat_autor_marie_freifrau_von_ebner-eschenbach_thema_schicksal_zitat_18025.html.

Eilenberger, W. (2020). Feuer der Freiheit. Die Rettung der Philosophie in finsteren Zeiten 1933–1943. Stuttgart: Klett-Cotta.

Elias, N. (1984). Über die Zeit. Arbeiten zur Wissenssoziologie II. Frankfurt a. M.: Suhrkamp.

Enzenberger, H. M.(1994). Die große Wanderung. Dreiunddreißig Markierungen. Frankfurt a. M.: Suhrkamp.

Epikur (1973). Philosophie der Freude. Eine Auswahl aus seinen Schriften. Übers., erl. u. eingel. von J. Mewaldt. Stuttgart: Kröner.

Erkson, E. E. (1966). Identität und Lebenszyklus. Drei Aufsätze. Frankfurt a. M.: Suhrkamp.

Foerster, H. von, Pörksen, B. (2019). Wahrheit ist die Erfindung eines Lügners. Gespräche für Skeptiker. Heidelberg: Carl-Auer.

Foucault, M. (1986). Sexualität und Wahrheit. Bd. 3: Die Sorge um sich. Frankfurt a. M.: Suhrkamp.

Frankl, V. (2013). Trotzdem ja zum Leben sagen. Ein Psychologe erlebt das Konzentrationslager. München: Kösel.

Freud, S. (1930/2010). Das Unbehagen in der Kultur. Stuttgart: Reclam.

Frisch, M. (1992). Fragebogen. Frankfurt a. M.: Suhrkamp.

Geissler, K., Geissler, J. (2015). Time is honey: Vom klugen Umgang mit der Zeit. München: oekom verlag.

Gellhaus, A. (2008). Sachreibengehen. Literatur und Fotografie en passant. Köln u. a.: Böhlau.

Gilligan, S. (2015). Liebe dich selbst wie deinen Nächsten. Die Psychotherapie der Selbstbeziehung (4. Aufl.). Heidelberg: Carl-Auer.

Goethe, J. W. (1790). Torquato Tasso. https://www.gutzitiert.de/zitat_autor_johann_wolfgang_von_goethe_thema_Dichter_zitat_6198.html (Zugriff am 26.01.2022).

Guardini, R. (1992). Die Lebensalter: ihre ethische und pädagogische Bedeutung. Mainz: Matthias Grünewald.

Gutknecht, T. (2017). Unveröffentlichtes Manuskript. (Dankenswerterweise zur Verfügung gestellt.)

Hadot, P. (2011). Philosophie als Lebensform. Antike und moderne Exerzitien der Weisheit. Frankfurt a. M.: Fischer.

Hale, A. E. (1994). Soziometrische Zyklen. Ein Verlaufsmodell für Gruppen und ihre Mitglieder. PsychoDrama, 7 (2), 179–196.

Han, B.-C. (2016). Die Austreibung des Anderen: Gesellschaft, Wahrnehmung und Kommunikation heute. Frankfurt a. M.: S. Fischer.

Han, B.-C. (2021). Undinge. Umbrüche der Lebenswelt. Berlin: Ullstein.

Handwerk, A. (2021). Die Aufgaben der Anthroposophie in besonderer Zeitlage. Vortrag in der Anthroposophischen Gesellschaft. Stuttgart, 19.05.2021.

Held, M., Hatzelmann, E. (2005). Zeitkompetenz: die Zeit für sich gewinnen. Weinheim: Beltz.

Herwig-Lempp, J., Schwabe, M. (2002). Soziale Arbeit. In M. Wirsching, P. Scheib (Hrsg.), Paar- und Familientherapie. Berlin: Springer.

Hesse, H. (1927/1974). Der Steppenwolf. Frankfurt a. M.: Suhrkamp.

Hirsch, M. (2013). Warum wir eine andere Gesellschaft brauchen! München: Louisoder.

Höhler, G. (1981). Das Glück. Analyse einer Sehnsucht. Düsseldorf, Wien: Econ.

Huber, F. (2010). Biografie im gesellschaftlichen Wandel – Methodische Orientierung in der Einzelberatung (S. 101–132). In D. Staude (Hrsg.), Methoden Philosophischer Praxis. Ein Handbuch. Bielefeld: transcript.

Irle, M., Möntmann, V. (1978). Die Theorie der kognitiven Dissonanz: Ein Resumée ihrer theoretischen Entwicklung und empirische Ergebnisse 1957–1976. In M. Irle (Hrsg.), Leon Festinger, Theorie der kognitiven Dissonanz (S. 274–365). Bern: Huber.

Jaspers, K. (1932). Philosophie. III: Metaphysik. Berlin: Springer.

Jaspers, K. (1946). Allgemeine Psychopathologie. Berlin u. Heidelberg: Springer.

Jaspers, K. (1956). Philosophie. Bd. I: Philosophische Weltorientierung. Berlin, Heidelberg, Springer.

Jaspers, K. (1960). Karl Jaspers im Gespräch mit Thilo Koch. Youtube: https:// www.youtube.com/watch?v=nPRXef5GJxQ (Zugriff am 30.01.2021).

Jaspers, K. (2000). Was ist der Mensch? Philosophisches Denken für alle. München/Zürich: Piper.

Kabat-Zinn, J. (2011). Gesund durch Meditation: Das vollständige Grundlagenwerk zu MBSR. München: O. W. Barth.

Kant, I. (1977). Werke in zwölf Bänden. Hrsg. von W. Weischedel. Frankfurt a. M.: Suhrkamp.

Kitzler, A. (2017). Leben lernen – ein Leben lang. Eine praktische Philosophie. Freiburg i. Br. u. a.: Herder.

Knauer, R. (2012). Partizipation braucht Kompetenzen – wie pädagogische Fachkräfte darin unterstützt werden können, Partizipation zu ermöglichen. In: Ministerium für Soziales, Gesundheit, Familie und Gleichstellung des Landes Schleswig-Holstein (Hrsg.), Demokratie in der Heimerziehung: Dokumentation eines Praxisprojektes in fünf Schleswig-Holsteinischen Einrichtungen der stationären Erziehungshilfe (S. 81–89). Kiel: Ministerium für Soziales, Gesundheit, Familie und Gleichstellung des Landes Schleswig-Holstein.

Krebs, A. (2015). Zwischen Ich und Du. Eine dialogische Philosophie der Liebe. Frankfurt a. M.: Suhrkamp.

Kristeva, J. (1990). Fremde sind wir uns selbst. Frankfurt a. M.: Suhrkamp.

Kurbacher, F. A. (2006). Was ist Haltung? Philosophische Verortung von Gefühlen als kritische Sondierung des Subjektbegriffs. Tà katoptrizómena – Magazin für Theologie und Ästhetik (online), 8 (43). https://www.theomag.de/43/fk6.htm (Zugriff am 11.07.2020).

Lauterbach, M. (2007). Wie Salz in der Suppe. Aktionsmethoden für den beraterischen Alltag. Heidelberg: Carl-Auer.

Le Fort, G. von. https://gutezitate.com/zitat/253110.

Lévinas, E. (1983). Die Spur des Anderen. Untersuchungen zur Phänomenologie und Sozialphilosophie. Freiburg i. Br.: Karl Alber.

Lindseth, A. (2014). Zur Sache der Philosophischen Praxis. Philosophieren mit ratsuchenden Menschen (2. Aufl.). Freiburg i. Br. u. München: Karl Alber.

Mall, R. A., Peikert, D. (2017). Philosophie als Therapie. Eine interkulturelle Perspektive. Freiburg i. Br. u. München: Karl Alber.

Mann, T. (1911/2005). Der Tod in Venedig. Stuttgart: Reclam.

Marquard, O. (2015). Theoriefähigkeit des Alters. In T. Rentsch, M. Vollmann (Hrsg.), Gutes Leben im Alter (S. 207 ff.). Die philosophischen Grundlagen. Stuttgart: Reclam.

McMillen, K. (1996/2001). When I love myself enough. Inspiring words to help you find happiness and joy. Basingstoke: Pan Macmillan.

Mendelssohn, M. (1785). Morgenstunden oder Vorlesungen über das Dasein Gottes. Berlin: Christian Friedrich Voß.

Mercier, P. (2020). Das Gewicht der Worte. München: Hanser.

Montaigne, M. de (2015). Philosophieren heißt sterben lernen. Von dem Alter. In T. Rentsch, M. Vollmann (Hrsg.), Gutes Leben im Alter. Die philosophischen Grundlagen (S. 61–74). Stuttgart: Reclam.

Mosher, J. R. (1990). The healing circle: Myth, ritual, and therapy. Seattle, WA: Blue Sky.

Mührel, E. (2019). Verstehen und Achten. Professionelle Haltung als Grundlegung Sozialer Arbeit (4. Aufl.). Weinheim: Beltz Juventa.

Müller, M., Pfister, D. (Hrsg.) (2014). Wie viel Tod verträgt das Team? Belastungs- und Schutzfaktoren in Hospizarbeit und Palliativmedizin (4. Aufl.). Göttingen: Vandenhoeck & Ruprecht.

Nietzsche, F. (1874–1878/1922). Menschliches, Allzumenschliches II. Bd. 4. Leipzig: Alfred Kröner.

Nietzsche, F. (1981). Unzeitgemäße Betrachtungen: Vom Nutzen und Nachteil der Historie, Kap. 9. Berlin: Insel.

Porges, S. (2010). Die Polyvagal-Theorie. Neuropsychologische Grundlagen der Therapie. Emotion, Bindung, Kommunikation und ihre Entstehung. Paderborn: Junfermann.

Rabanus, C. (2020). Lust am Denken. Philosophische Weltorientierung. Seminarunterlagen, Seminar 05.12.2020. www.phaenopraxie.de (Zugriff am 19.11.2021).

Rebillot, P., Kay, M. (2000). Die Heldenreise. Das Abenteuer der kreativen Selbsterfahrung. München: Kösel.

Rechenberg-Winter, P., Fischinger, E. (2019). Kursbuch systemische Trauerbegleitung (3., vollst. überarb. u. erw. Aufl.). Göttingen: Vandenhoeck & Ruprecht.

Rentsch, T. (2015). Altern als Werden zu sich selbst. Philosophische Ethik der späten Lebenszeit. In T. Rentsch, M. Vollmann (Hrsg.), Gutes Leben im Alter. Die philosophischen Grundlagen (S. 189 ff.). Stuttgart: Reclam.

Richter, K. F. (2010). Coaching als kreativer Prozess. Werkbuch für Coaching und Supervision mit Gestalt und System (2. Aufl.). Göttingen: Vandenhoeck & Ruprecht.

Ricoeur, P. (1991). Zeit und Erzählung. Bd. III. Die erzählte Zeit. München: Fink.

Rieff, D. (2009). Tod einer Untröstlichen. Die letzten Tage von Susan Sontag. München: Hanser.

Rifkin, J. (1988). Uhrwerk Universum. Die Zeit als Grundkonflikt des Menschen. München: Kindler.

Rilke, R. M. (1894). Leben und Lieder. Bilder und Tagebuchblätter. Strassburg/Leipzig: Kattentidt.

Rilke, R. M. (1923). Duineser Elegien. Leipzig: Insel.

Rilke, R. M. (2015). Glück. Ausgewählt und mit einem Nachwort von A. Grafe. Berlin: Insel.

Rosa, H. (2005). Beschleunigung. Die Veränderung der Zeitstrukturen in der Moderne. Frankfurt a. M.: Suhrkamp.

Rosa, H. (2019). Unverfügbarkeit (3. Aufl.). Wien u. Salzburg: Residenz.

Safranski, R. (2015). Zeit, was sie mit uns macht und was wir aus ihr machen. München: Hanser.

Salomon, A. (1927). Die Ausbildung zum sozialen Beruf. Berlin.

Scharmer, C. O. (2021). https://www.anthroposophische-gesellschaft.org (Zugriff am 27.07.2021).

Schmid, W. (2007). Mit sich selbst befreundet sein. Von der Lebenskunst im Umgang mit sich selbst. Frankfurt a. M.: Suhrkamp.

Schopenhauer, A. (2015). Vom Unterschiede der Lebensalter. In T. Rentsch, M. Vollmann (Hrsg.), Gutes Leben im Alter. Die philosophischen Grundlagen (S. 75–95). Stuttgart: Reclam.

Schwer, C., Salzbacher, C. (Hrsg.) (2014). Professionelle pädagogische Haltung: Historische, theoretische und empirische Zugänge zu einem viel strapazierten Begriff. Bad Heilbrunn: Julius Klinkhard.

Sellars, W. (1999). Der Empirismus und die Philosophie des Geistes. Paderborn: Brill Mentis.

Seneca. https://gutezitate.com/zitat/215561 (Zugriff am 21.01.2022).

Sölle, D. (1998). Mystik und Widerstand. »Du stilles Geschrei«. Hamburg: Hoffmann und Campe.

Staude, D. (Hrsg.) (2010). Methoden Philosophischer Praxis. Ein Handbuch. Bielefeld: transcript.

Stegmaier, W. (2008). Philosophie der Orientierung. Berlin u. New York: de Gruyter.

Stegmaier, W. (2016). Nietzsche meets Luhmann. Orientierung im Nihilismus. Berlin u. Boston: de Gruyter.

Stegmaier, W. (2020). Orientierung in der Corona-Krise. Vom Wissens-Modus in den Oorientierungs-Modus. Information Philosophie, 9 (3), 8–23.

Stierlin, H. (1976). Das tun des Einen ist das tun des Anderen. Eine Dynamik menschlicher Beziehungen. Frankfurt a. M.: Suhrkamp.

Taubert, G. (2016). Im Club der Zeitmillionäre. Wie ich mich auf die Suche nach einem anderen Reichtum machte. Köln: Bastei-Lübbe.

Thiersch, H. (2014). Vortrag am 09.04.2014 anlässlich des Fachtages des AKKA [online]. https://docplayer.org/29097590-Vortrag-von-herrn-prof-thiersch-am-anlaesslich-des-fachtages-des-akka.html (Zugriff am 07.01.2022).

Thomä, D. (1998/2015). Erzähle dich selbst. Lebensgeschichte als philosophisches Problem (3. Aufl.). Frankfurt a. M.: Suhrkamp.

Tolstoi, L. (2016). Der Tod des Iwan Iljitsch. Stuttgart: Reclam.

Uhle, C. (2022). Momo in Zeiten der Digitalisierung. https://fuks.org/kt55-momo-in-zeiten-der-digitalisierung/ (Zugriff am 26.01.2022).

Uffelmann, P., von der Recke, T. (2004). Das rechte Maß oder die Kunst der Selbstbeschränkung. München: Dt. Taschenbuch-Verl.

Worden, W. J. (2011). Beratung und Therapie in Trauerfällen. Ein Handbuch (4. Aufl.). Bern u. a.: Huber.

Yalom, I. (2010a). Existentielle Psychotherapie (5. Aufl.). Gevelsberg: Edition Humanistische Psychologie.

Yalom, I. (2010b). In die Sonne schauen. Wie man die Angst vor dem Tod überwindet. München: btb.